从0到1搞定即兴演讲

抓住人生的关键时刻

于木鱼 著

台海出版社

图书在版编目（CIP）数据

从 0 到 1 搞定即兴演讲 / 于木鱼著 . -- 北京 : 台海出版社 , 2021.1（2021.3 重印）
ISBN 978-7-5168-2301-9

Ⅰ . ①从… Ⅱ . ①于… Ⅲ . ①演讲—语言艺术 Ⅳ . ① H019

中国版本图书馆 CIP 数据核字（2020）第 227909 号

从 0 到 1 搞定即兴演讲

著　　者：于木鱼

出 版 人：蔡　旭
责任编辑：赵旭雯

出版发行：台海出版社
地　　址：北京市东城区景山东街 20 号　邮政编码：100009
电　　话：010 — 64041652（发行，邮购）
传　　真：010 — 84045799（总编室）
网　　址：www.taimeng.org.cn/thcbs/default.htm
电子邮箱：thcbs@126.com

经　　销：全国各地新华书店
印　　刷：天津旭非印刷有限公司
本书如有破损、缺页、装订错误，请与本社联系调换

开　　本：880 毫米 × 1230 毫米　1/32
字　　数：142 千字　　　　　　印　　张：6.5
版　　次：2021 年 1 月第 1 版　　印　　次：2021 年 3 月第 2 次印刷
书　　号：ISBN 978-7-5168-2301-9

定　　价：49.80 元

版权所有　侵权必究

CONTENTS 目 录

推荐序

即兴演讲是每一个人都应该具备的职场能力 ... 1

序言

感谢即兴演讲让我成为一个幸运的人 ... 3

1. 感谢你帮我踏入即兴演讲之门 ... 3
2. 感谢大家对我的支持 ... 3
3. 感谢你能够翻开这本书 ... 4

前言

关于演讲你必须打破的 3 个误区 ... 6

1. 只有登上大型舞台才是演讲？不，生活处处是演讲 ... 6
2. 我不需要演讲，我就是个普通人！
   不，演讲从来都让你不普通 ... 8
3. 相信我，你可以的，因为人人都能即兴演讲！ ... 10

关于本书你必须知道的 3 个要点 ... 13

1. 这是一本普通又不普通的演讲书 ... 13
2. 这是一本能够让你在即兴演讲路上从 0 到 1 的书 ... 13

3. 这是一本你可以自己掌控的书   13

第一章 认识 别怕，紧张没你想的那么可怕

1.1 什么是紧张？紧张是人的一种正常情绪   1

1.2 过度紧张的表现   4

1.3 过度紧张带来的影响阻碍我们的自然演讲之路   5

1.4 面对紧张对我们的影响的解决方案   6

1.5 紧张全部都是坏处吗？其实紧张也有好的一面   18

本章训练：突破自己，站上舞台   20

本章答疑：自己练习的时候也可以达到缓解紧张的效果吗？   21

第二章 开场 万事开头难，好的开场是成功演讲的一半

2.1 即兴演讲紧张到连第一句话都不会说？

   开场的第一句话永远都是……   24

2.2 即兴演讲开场中的自我介绍   27

2.3 即兴演讲开场中的中国特色——客气话   36

2.4 即兴演讲开场的点睛之笔——引出主题   45

本章训练：1分钟不同场景开场白训练   57

本章答疑：如何做一次精彩的开场白？   57

第三章 逻辑 5种即兴演讲中的重要逻辑，让你的演讲有根有据

3.1 即兴演讲中的时间顺序逻辑，让你讲明白一个故事   60

3.2 即兴演讲中的结构顺序逻辑，让你的表达有标签   74

3.3 即兴演讲中的重要性顺序逻辑，让你的表达有重点　　79
3.4 演讲中的归纳思维，让你讲清楚说明白　　89
3.5 演讲中的演绎思维，让你的表达更有说服力　　95
本章训练：任选一题，进行一次即兴演讲　　102
本章答疑：如何让表达更有逻辑？　　102

第四章　气场　好声音塑造好印象，好形体带来强气场

4.1 你的声音可以价值连城　　105
4.2 声音的基础——响亮、停顿、上行语势　　106
4.3 气息是你声音的力量　　110
4.4 标准舞台姿态，让你在舞台上更有自信　　112
4.5 演讲级手势动作增强舞台感染力　　118
4.6 "颜值"是言值的助推剂，好衣着带来好印象　　124
本章训练：带着手势动作进行故事复述　　126
本章答疑：是不是每一句话都要出手势动作吗？　　129

第五章　控场　会互动的演讲者，更受观众喜欢

5.1 学会控场提问，把握演讲现场互动感　　131
5.2 即兴表达，彰显语言能力　　134
5.3 游戏控场力，学会玩游戏就能调动观众舞台参与感　　145
本章训练：好即兴玩出来　　149
本章答疑：为什么我带别人玩游戏的时候
　　　　　气氛总是不够高？　　149

第六章　呈现　舞台演讲不用愁，PPT演讲有诀窍

6.1 用好这些演讲工具，让你的PPT演讲准备充分　　151

6.2 如何制作一个不错的演讲PPT　　158

6.3 "P人合一"让你的演讲汇报脱颖而出　　161

本章训练：用BAF（E）（E）法进行一次演讲PPT工作汇报　　164

本章答疑：为什么我做不好PPT演讲?　　165

第七章　应用　在不同场合熟练运用演讲技巧，才是个人影响力的真正开始

7.1 用精彩的工作汇报演讲获得更多晋升机会，让领导体会到你的工作能力　　170

7.2 在公司的演讲大会上脱颖而出，让领导更加青睐你　　173

7.3 在公司的年会分享中引人注目，让大家都记住你　　174

7.4 在公司的路演中增强说服力，让投资商更信赖你　　176

7.5 在公司的宣讲会上讲解清楚，突出产品优势，让客户有消费欲望　　178

本章训练：用你的演讲影响身边更多的人　　179

本章答疑：为什么我总是不能将公司新产品给客户讲解明白？　　180

后记：于木鱼的从0到1即兴演讲之路　　183

推荐序

即兴演讲是每一个人都应该具备的职场能力

独立股权人　查理

很多人会自然而然地认为，身为一个职场人，一定要具备强有力的硬实力。也正因为这一点，很多人也更加执着于硬实力的积累，而忽略软实力的学习与培养。这往往导致很多人不理解，为什么我的专业能力不比别的同事差，为什么工作几年了一直没有升职，甚至连加薪也没有份儿？这很可能是我们并不是没有硬实力，而是缺少让别人看到硬实力的能力，缺少表达自己，展现自己，甚至传播自己理念从而影响别人的能力——演讲能力。并且这不是普通的演讲能力，这是随时随地都要体现的即兴演讲能力。

在职业需求上，即兴演讲不是高要求，而是职场必备能力。现在大部分企业在招聘中，越来越注重表达能力与沟通能力。因为这两个能力可以说是展现自己的最快出口，是让别人快速了解自己的最直接的入口。并且，较好的表达能力能够在工作时减少人与人之间的沟通成本，具备更好表达能力的人往往可以获得更多的职场机会，这些都是身为职场人所毋庸置疑的。

那么，怎样拥有更好的表达能力？其实，在职场中的我们所面对的表达问题更多的是即兴表达。有准备的表达往往能够让我们有时间准备，这样会有一种心里有底的感觉。但最令职场人头疼的是突如其来的客户问题以及毫无准备的当众分享。这往往难倒了很多职场人，而这又是职场中非常常见的现象。怎样能够在短时间内快速组织语言并能够表达出自己的所思所想，让对方理解这是职场人士的关键能力。

更加专注技术的岗位就不需要表达了吗？不，即使是技术类岗位，也需要即兴表达。可能很多人还对技术类岗位有一些刻板印象，觉得只要专注自己的部分就好了，但是公司对每一个岗位的要求都不仅仅是专业本身。

以前的财务人员可能更倾向于只做报表、算数据就好了，但是现在企业更希望财务人员可以讲出来，为什么能算出这个数字，为什么第二年要有这样的预算。并且管理者更希望哪怕是随时问起，也能够快速得到想要的信息。

我们印象中的 IT 工作人员，可能更倾向于写写代码就好了。如果升职成为 IT 主管，虽然也要代码，但作为一位岗位的主管，要带团队，要给团队开会，要给领导汇报，这时就需要随时随地的沟通和表达。

再像设计师，以前我们认为设计师只要画好设计蓝图就好了，但是现在公司要求设计师不仅要有想法，有思路，还要会表达，甚至要会随时随地的说出自己的想法，这也是即兴表达，也是即兴演讲。

即兴演讲是无时无刻都存在的，即兴表达能力是每一个职场人的关键技能，也是企业在用人时越来越重视和参考的用人规律之一。我们总能发现，越会表达的人机会越多，越会表达的人升职越快，越会表达的人更受青睐。这本书用简单有效的技巧方法，可以让你从 0 到 1 搞定你惧怕、担忧但非常需要的即兴演讲。

PREFACE 序 言

感谢即兴演讲让我成为一个幸运的人

1. 感谢你帮我踏入即兴演讲之门

在我们的人生当中总会有一些贵人出现,他们或许帮你解决燃眉之急,或许为你雪中送炭,或许点亮了你的人生。我的人生当中也有这样一位贵人,她是我在即兴演讲培训路上的启蒙老师,也是我的师父——单宝珠老师。我在即兴演讲这条路上能够有今天的进步,离不开师父当年对我的栽培和教导。虽然那段学习演讲的时光,让我确实"受尽折磨"。但如果没有那般的严格,可能我也不会在这条路上走得这么久,也可能就不会有这本书。

感谢您将我带进演讲大门。

感谢您让我知道:"讲课就是通俗易懂,深入浅出的过程。"

感谢您让我相信每一个人都可以是即兴演讲高手。

2. 感谢大家对我的支持

我在转型做演讲培训师这条路上经历了太多的不如意,家人反对,朋友质疑,甚至自我怀疑。但能够走到今天并且能有这本书,完全离不开大家对我的支持——我所有教授过以及即将教授的同学们。

如果说师父将我带进即兴演讲大门,那大家通过即兴演讲的改变和进步是让我坚定地走到今天的唯一动力。让我相信即使路途如此艰难,但即兴演讲仍可以带给更多人想要的突破和改变,做最出色的自己。

3. 感谢你能够翻开这本书

最重要的是感谢你能够翻开这本书,也许在此之前我们不曾相识,但从此之后我们便有了缘分。你的即兴演讲之路,有我陪伴;我的人生之旅,感恩相遇。现在让我们共同开启一段新的学习之旅吧!

PREFACE 前 言

这些年来，作为一名从业10年的演讲培训师，一直有一件事情在困扰着我——每个人每天都在说话，都在表达，表达这件事情就跟家常便饭一样，而我们却惧怕当众说话、当众表达，为什么我们会惧怕这种本应该就属于我们的能力呢？

即使是非常擅长演讲的丘吉尔曾经都说过这样的一段话："人生，有三件最难的事情：第一件，爬上一堵向你倾倒的墙；第二件，吻一个决心要离开你的姑娘；第三件，就是当众讲话。"

这不仅仅是因为我们站上舞台时的那一份紧张感，更可能是我们打心底里对舞台有一种莫名的"敬畏"。我们总会认为我们的领导可以演讲，可以比我们讲得更好；我们的老师可以演讲，因为他们讲得好；国家领导人可以演讲，因为他们本身就很厉害。这些都让我们觉得只有厉害的人才可以演讲。后来，我发现，正因为我们对舞台的敬畏，久而久之让我们对舞台、对演讲有了错误的认知，甚至在我10年的从业经验中，有50%的时间不是在教授演讲的技巧、演讲内容，也不是带着大家训练，而是帮助大家建立对演讲的认知。

绝大部分人对演讲充满了误解，内心错误地认为：普通人不能演讲，普通人不需要演讲，普通人学不会演讲。亲爱的朋友，如果你也曾这样认为，那在阅读本书的正文之前，我希望我们先花一点儿时间建立对演讲的正确认知，这种认知观念的重构，会帮助我们更好地学习本书，也更好地帮助我们在成为演讲者的路上事半功倍。

关于演讲你必须打破的 3 个误区

1. 只有登上大型舞台才是演讲？不，生活处处是演讲

自 2013 年第一季《超级演说家》开播以来，越来越多的演说表达类节目映入眼帘。也正是因为这些层出不穷的优秀表达类节目，让越来越多的人开始重视演讲，越来越多的企业开始搞内部的演讲比赛。但同时，也造成了大家对演讲根深蒂固的误解之一：只有登上大型舞台才是演讲。

实际上并不是这样，生活处处是演讲。

到底什么是演讲？

演讲又叫讲演或演说，是指在公众场合，以有声语言为主要手段，以体态语言为辅助手段，针对某个具体问题，鲜明、完整地发表自己的见解和主张，阐明事理或抒发情感，进行宣传鼓动的一种语言交际活动。

我们单从这个解释来分析，简单来说，就是但凡在公众场合，用声音和动作来进行表达的形式都是演讲。

有多少个场合需要我们用声音和动作来进行表达呢？

（1）自我介绍

（2）工作汇报

（3）公司开会

（4）公司分享

（5）年会主持

（6）公司宴请

（7）竞职竞选

（8）面试

（9）培训

（10）路演

（11）宣讲

（12）颁奖/领奖

……

这些场合都是需要我们用声音和肢体动作来发表自己的见解和主张，而这些都没有在《超级演说家》的舞台上。从这一点可以看出，很多情况下我们都误解了演讲的定义。

不是大舞台才是演讲，而是生活处处是演讲。

国外对演讲有一个更加"接地气"的定义，让我们更容易理解什么是真正的演讲：面对两个人以上的表达就是演讲。因为我们跟两个人同时讲话时的状态跟对一个人讲话时的状态往往是不一样的。比如：我们要跟别人分享一个故事。你单独跟一个朋友讲的时候，你可能就是随便讲讲，不会思考在意得太多。但如果你跟两个或者两个以上朋友分享故事的时候，你会开始在意自己有没有表达清楚，自己如何运用措辞，还会在意对方能不能听懂以及能不能同时抓取两个人的注意力。难道这不就是演讲吗？

"面对两个人以上的表达就是演讲"这种三人成众的解读方式更能够体现不是大舞台才是演讲,而是生活处处是演讲。所以这本书我们用了"即兴演讲"就是为了突出"生活处处是演讲"。

既然生活处处是演讲,那就意味着我们每个人都逃脱不了演讲这件事情,既然如此,那为什么我们还是会逃避演讲呢?很多情况下我们不认为自己需要演讲。

2. 我不需要演讲,我就是个普通人!不,演讲从来都让你不普通

即使在今天,我在演讲行业从业将近10年的时间了,我仍然听到有这样的声音:演讲?我不需要,我又不是领导,根本没机会给别人讲话。普通人不需要学习什么演讲。

没有人是不需要演讲的,确实有很多人会觉得在现阶段的工作上大部分时间用不上。这就好像很多重要的事务一样,大部分情况下因为它的不紧急性而让很多人觉得还可以再等等,现在还不着急,所以就迟迟没有开始去做。

了解一点时间管理的朋友大多都见过下面这张图。演讲这项技能在第一类事务中的特点就是不紧急但很重要。

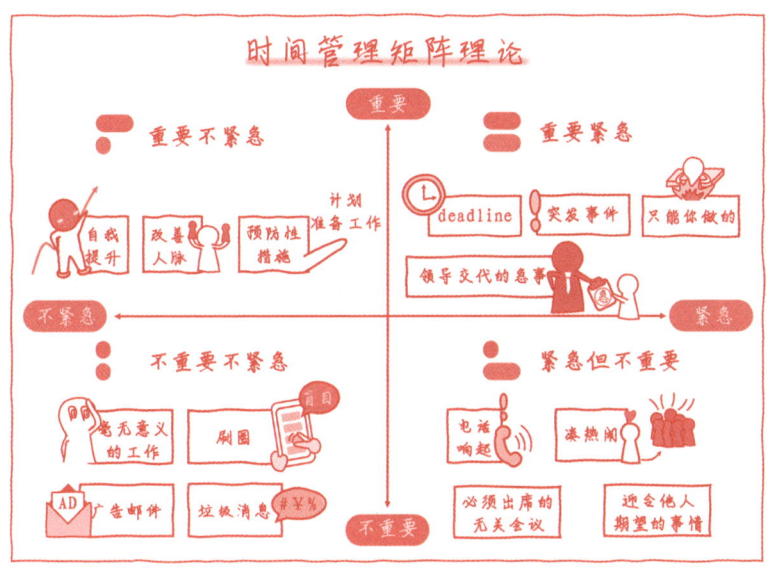

通常情况下，时间管理的老师会建议大家做完第二类既紧急又重要的事务之后，马上做第一类重要不紧急的事务。因为第二类事务大多是在一段时间范围之内就能完成，比如：领导让你负责一个项目，项目通常都有一定的周期性，规定时间之内完成就可以了。处理第二类事务过后，马上处理第一类事务，但通常情况下都因为第一类事务的不紧急性让我们无限拖延。如果我们不去处理第一类事务，有一天第一类事务会突然间变成第二类事务，打得我们措手不及。就像在未来的某一天领导可能突然告诉你："这个月的工作汇报大家不仅要交PPT，还要每个人在会议室讲一下，大家自己准备一下，这一次所有部门的同事都在，每个人都要讲。"这时，你才发现竟然要当众汇报，可你还不会演讲啊。于是，被迫当众汇报的你发现自己讲得一塌糊涂，到头来感叹自己只是个普通人并且给自己定义为不适合演讲的人。

一次被迫的、疏于练习的当众即兴演讲就让我们给自己定义为不适合演讲的普通人，这样的总结会不会太草率了些？我们是普通人又怎么样？谁一生下来就与众不同？谁一生下来就是演讲高手？演讲本就是让普通人变得不普通最快的路径之一。

因为我们在成为一个合格演讲者的路上会经历学习 – 练习 – 分享的环节；

在成为一个合格的演讲者的路上会经受胆怯 – 自信 – 兴奋的心态起伏；

在成为一个合格的演讲者的路上会获得质疑 – 掌声 – 影响他人的改变历程。

是不是仿佛感觉到每一次演讲都像是经历了一次又一次的人生啊？没错，演讲可以让你从普通变得不普通。即使我们从 0 开始学演讲，仍然可以收获让我们变得不普通的演讲能力，因为人人都可以学好演讲。

3. 相信我，你可以的，因为人人都能即兴演讲

有很多朋友会这样问：我一个演讲"小白"能学会即兴演讲吗？当然，人人都能够即兴演讲！

还有些朋友在演讲这件事情上对自己缺乏信心，觉得自己在学校的时候从来也没有参加过演讲比赛，甚至自己说话的时候都很少，就这样的自己也能学会演讲吗？

（1）调整认知，会说话，就会即兴演讲

其实，这种对演讲的不自信，主要来源于我们这几代人在学校的时候确实没有太多的机会更好地绽放自己。上学的时候，我们更多地被教导要低调。我当过兵，从军的时候更是被传授了"少说话，多做事"的概念，这导致了我一直到2011年年底退伍的时候，还都是一个不太喜欢说话的人。而现在的教育比之前好了太多，有很多家长在孩子很小的时候就让孩子学习小主持人、小演讲家，鼓励孩子上课多发言，多参加学校活动，争当班干部，这些都使现在的孩子们更加有自信。

但反观我们自己，小时候缺少相关的意识，长大了没有展示自己的概念，这些往往是我们认为自己不能演讲的主要原因。

即兴演讲其实就是当众说话，只是跟平时说话的场合不同罢了，你只要会说话，在掌握一定的即兴演讲技巧以及经过练习之后就能够很好地进行即兴演讲。

（2）我们生活中所遇到的演讲基本都是即兴演讲

很多人对演讲有很大的误区，认为拿着稿子上去念才是演讲，其实，念稿子只是众多演讲形式的一种，而对于我们大部分人来说，更多的所面临的演讲问题是即兴演讲，是能够不依赖任何稿子而在汇报工作的时候脱颖而出，是不需要过多准备就能脱口而出，是随时随地都可以进行分享。

不论是我个人在线上线下的授课中还是在这本书中，我从不推崇带稿演讲，我都是锻炼大家边说边想的能力，因为只有这种即兴表达才是大家当下最需要的。因为我们都想随时随地成为舞台上最亮的那颗星，所以我们更需要搞定即兴演讲。

（3）你我都是普通人，我可以你更可以

从某种程度上来说，我和你一样都是普通人。

第一，我们接受过一样"少说话"的教育模式。

我没有在国外长大，至今除了旅行也没怎么去过国外，所以我没有接受过太多西式的表达教育。所以我跟大家一样，接受的都是传统的中国式教育。我们共同的成长经历，可能让我比任何人都懂你惧怕演讲的心理状态。

第二，我们可能一样不是"科班出身"。

我不是"科班出身"，也就是非播音类专业出身，别人读大学的时候我在当兵。我们共同的"非科班"求学经历，让我比任何人都了解你缺少什么样的演讲技巧。

第三，我们可能一样都从事过非演讲类工作。

我的第一份工作也跟演讲培训毫无关系，是国家给军人分配的工作：一名国企的服务员。这些都让我或者说我们跟演讲这件事情看起来毫无关系。

但就这样八竿子打不着的我，凭着自己的努力先是成为一名优秀的演讲者，而后又成为一名资深的演讲培训师。既然大家与我有这么多的相同之处，既然我可以学会即兴演讲，也就意味着每一个人都可以即兴演讲，甚至极有可能比我讲得更好！

关于本书你必须知道的 3 个要点

1. 这是一本普通又不普通的演讲书

这本书对于大家来说，可能只是众多书籍当中很普通的一本书而已，但它的不普通之处在于，我将 10 年的演讲培训经验、技巧、方法和实操训练全部汇总。我想让大家通过本书开始练习，开始尝试演讲，开始感受到演讲的乐趣并且希望大家不再为不会演讲、不会表达这件事情而感到困扰，而是要运用表达，运用演讲抓住生命中的每一次机会。用演讲的力量增强个人影响力，也许到那个时候我们都会不普通。

2. 这是一本能够让你在即兴演讲路上从 0 到 1 的书

当然，这本书不是晦涩难懂的演讲理论书籍。我本就是演讲"小白"出身，演讲学习路上大家即将经历的一切，我都经历过。我将大家在各个阶段可能会遇到的困惑、问题以及建议和解决方法全部都写进书里，真正地帮助大家在即兴演讲路上实现从 0 到 1。

3. 这是一本你可以自己掌控的书

这是一本可以根据自己的情况来具体学习的书籍。会读书的人应该都知道，很多书是不需要从第一页开始看的，如果我们在即兴演讲过程中的主要问题是紧张，那就先好好看一下第一章的内容，了解紧张的成因和解决方法，实操练习过后再看其他的内容。如果我们是有少许舞台经验的伙伴，即兴演讲时并不是特别紧张，只是不知道怎么说会更加有逻辑性，那就直接看第三章逻辑篇，这样可以更快速地帮助大家说话有条理、有逻辑。我想通过这本书帮助大家切实解决即兴演讲中的某些问题，所以大家可以看目录按需求进行翻阅。

第一章
认识 别怕,紧张没你想的那么可怕

"啊,我不知道自己在说什么!"

"天啊,下面这么多人,我的手一直在出汗。"

"我的天,我的脸一定很红,真的太紧张了。"

我想有很多伙伴在演讲的时候一定遇到过以上类似的情况。这就是绝大多数人在学习演讲的时候最想克服的事情——紧张。

紧张可以说是我们在演讲中最大的一个阻碍,绝大部分人在学习演讲的时候都想克服紧张。这是因为很多情况下,作为演讲初学者的我们在舞台上无法控制自己颤抖的声音、僵硬的身体等这些影响我们正常发挥的紧张反应。但实际上,紧张是没有办法完全被克服的,而且适度的紧张往往有助于我们在演讲中更好地发挥。

怎样做才能让紧张不影响我们的发挥?怎样才能在舞台上自然地进行表达?首先要对紧张建立一个正确的认知,紧张没我们想的那么可怕,无须恐惧,只要将紧张控制在一定范围之内就能顺畅地演讲。

1.1 什么是紧张?紧张是人的一种正常情绪

为什么我们不能完全克服紧张呢?

医学界将"紧张"定义为"人的机体的一种特殊的综合征，也可以由各种非特殊刺激引起。紧张也可以理解为来自外界的、集体的尚不能完全适应的影响。"通常意义上讲，为什么我们会有紧张的表现，是因为我们对外界、未来的不确定性导致的一种担忧和焦虑的情绪。所以从本质上说，紧张是一种正常的情绪，是我们遇到不确定因素所呈现出的正常生理和心理反应。

试想我们有可能去消除自己任何一种情绪吗？答案一定是：不可能。既然我们不可能消除自己的任何一种情绪，那么也就同样不可能消除紧张。也正因为紧张是人的一种情绪，所以只要是正常人就会紧张。如果我们在演讲的时候很紧张，其实应该感到庆幸，这说明我们是一个正常人。

且不说常人会有紧张的情绪，即使是非常自信的人，也会有紧张的时候。比如有多年舞台经验的职业演说家、培训师、主持人等，在相对不熟悉的场合仍然会或多或少存在紧张的情绪，只不过他们通过一些方法快速地调节自己，让观众看不出来而已。

所以衡量演讲时是否紧张，我们需要对此有一个新的衡量标准，并不是说你在舞台上心跳加速这样的紧张现象就绝对不好。因为心跳加速这种事情，只有自己知道，观众是看不出来的。而我们的演讲是要分享给他人听，让他人信，甚至促他人行。所以，应当以观众的反应为衡量标准才更为准确。衡量紧张的新标准是：别人看你不紧张，你就是不紧张的。

我们设想这样一个场景，此时此刻我们正在看别人演讲，我们会认为有一些人非常自信，表达铿锵有力，非常有魅力，甚至作为观众的我们一直在给他们鼓掌，感叹他们出色的表现。

但其实我们并不知道，这些演讲者在舞台上的时候，也会紧张到心跳加速、手心出汗，但这些并没有被观众看到，因为他自己的细微紧张表现并没有影响整体的发挥。所以，无论演讲者自我感觉是否紧张，观众并没有看出来演讲者紧张，并且演讲者能够通过表达，给观众带来一次完整的、顺畅的、感人的或者振奋人心的演讲，这就是一次好的演讲。

当我们作为演讲者在舞台上分享是一样的道理，我们自己可能会出现这样或者那样的紧张反应，也同样可能心跳加速、手心出汗，但这并没有影响到我们的整体演讲发挥，观众没有看出来我们紧张，那就是不紧张。反过来想心跳也是件好事儿，如果不跳了，其实也挺恐怖的啊。

再次强调紧张新标准：别人看你不紧张，你就不紧张。

我们了解了紧张是一种情绪，没有办法完全消除，又知道了紧张的新标准之后，但在舞台上仍有一些紧张反应确实困惑并影响我们演讲的正常发挥。换句话说，我们要克服的并不是紧张本身，而是影响我们演讲发挥的这些反应，我们把这些严重影响我们的反应称为过度紧张更为准确。

1.2 过度紧张的表现

过度紧张与紧张有一个共同之处：都是由生理原因和心理原因导致的，只是程度上有所不同。实际上，适度的紧张不会对我们的演讲发挥有很明显的影响，而过度紧张才是影响我们演讲正常发挥的"罪魁祸首"。要想克服过度紧张不再让它影响到我们的正常发挥，那就先来了解一下过度紧张的生理原因和心理原因。

说起心理原因，我想大家都懂，因为我们在不确定的场合都会或多或少有负面的心理暗示，会觉得自己不行，会觉得自己不可以，因为这些"不确定性"我们会给观众呈现出很紧张的样子。

比如，有时候一上舞台心里就会打退堂鼓，心想：完了，完了，这次一定讲不好，这次一定完蛋了，这次一定下不了台。如果在演讲时有类似这样的心理暗示，这些负面的心理暗示一定会让我们"心想事成"变成"讲不好演讲"的目标。

简单来说，是由于自己一系列负面的心理暗示导致了我们演讲时的过度紧张。

除了负面的心理暗示之外，过度紧张产生的生理表现更为明显，也更容易被观众察觉。因为过度紧张，我们在舞台上可能会出现一些"抖动"，比如：手抖、脚抖、腿抖、嘴唇抖，甚至脸抖等情况，或者出现面红耳赤、脸色苍白、突然大笑、结巴等现象。不论准备了多长时间，只要一站上舞台，就觉得整个人都不好了。这些过度紧张的反应往往才是影响我们在舞台上发挥的重要因素。

那我们为什么会有这样的生理现象出现呢？主要是因为我们人体有自我保护机制，人一旦到了陌生的环境，自我保护机制就会出现，导致我们的体内会分泌很多肾上腺素，肾上腺素会阻碍我们血液的流通，所以大家就会出现这样或者那样的生理反应了。

1.3 过度紧张带来的影响阻碍我们的自然演讲之路

为了让大家更直观地感受到过度紧张给我们带来的影响，我从三方面入手将常见的过度紧张现象进行总结。

一、心理上

1. 心理压力过大，往往使演讲者坐立不安，难以开口。
2. 负面的心理暗示会让我们对自己的表达信心降低。
3. 不允许自己出错的完美主义，往往会让我们出错。

二、肢体上

1. 频繁颤抖。肢体上有各种各样的颤抖的情况出现，这样不仅会让观众识别出来演讲者的紧张，而且还会让自己更加不自信，很难将演讲进行下去。

2. 肢体僵硬。演讲者不知道在舞台上如何自然地表现。

3. 手舞足蹈。不知道正确自然的手势、动作如何做出，会有手舞足蹈的手势、动作出现。

三、语言上

1. 语速会快。缺少语音语调，缺少感染力，观众没办法长时间听下去。因为紧张想一口气把内容说完。

2. 习惯性结巴。有一些表达者，是因为过度紧张而导致在舞台上说话的时候会结巴，而自己私下里与他人沟通并没有这个问题。

3. 语言缺少逻辑性。演讲者一上台就忘了自己想表达内容的次序和要点，往往会缺少逻辑性、结构性。

过度紧张导致的这三个方面的影响，让我们无法在舞台上更好地进行演讲。为了解决这些问题我们可以采取相应的解决方案。

1.4 面对紧张对我们的影响的解决方案

根据我 10 年的演讲从业经验，在这里为大家介绍 3 种相对有效的又比较简单的方式以帮助大家快速缓解紧张。

1.4.1 演讲不自信？正面的心理暗示让自己走上舞台

初登舞台时最重要的是自信心。影响我们演讲自信心的心理因素往往有两大类。

1. 负面的心理暗示

很多人明明准备充分，但上台前还是无法控制过度紧张：心跳加速，满脑子都是"我好紧张"。甚至在脑海中预演出自己因为紧张导致演讲很失败的画面。

"讲不好怎么办啊？"

"完蛋了，肯定不行。"

"台下那么多人，我第一次讲，怎么办，怎么办？！"

……

有些朋友可能会给你这样的建议："上舞台之前说不紧张就好了，告诉自己不紧张，不紧张，你就不紧张。"

"不紧张，不紧张"的自我催眠式建议，也是绝大多数人在演讲紧张时采用的解决方法。

实际上，"不紧张"这个方法不太适合缺乏舞台经验的人。如果大家曾经使用过这种方法，应该有这样的体验：内心越想着"不紧张"，实际上越紧张。著名心理学家西格蒙德·弗洛伊德提出人的心理包括意识和无意识现象，无意识现象又包括非自觉的潜意识，潜意识往往会被人忽略，但是却控制着我们的一生。潜意识接收的六大原理的其中一条是：潜意识不去区分"不""无""没"等否定的词句。

在心理学中有一个非常有趣的潜意识游戏，叫"不要想猴子"。现在我们一起来玩一下这个游戏，我来发布游戏号令：请各位不要想猴子，不要想猴子，不要想猴子。

你想的是什么？我想你这个时候是在笑，因为你想的是猴子。

内心暗示"不紧张"跟"不要想猴子"的道理完全相同，正因为潜意识当中不接受"不"字，所以你跟自己说"不紧张，不紧张，不紧张"，反而会更紧张。这样的一个心理暗示往往会形成负面的心理暗示，不仅不能缓解紧张，往往还会形成墨菲定律，最后就真的讲不好了。

既然"叫不紧张"并不好用，那什么样的心理暗示能够帮到我们？

答案是：正面积极的心理暗示。

在演讲之前，我们要将负面心理暗示转向正面的、积极的心理暗示。《焦虑心理学》一书中提道："积极的心理暗示就是把一个

积极的信息加给某一个体，通过这个过程让个体认可这个积极的信息，从而激励个体的作用，以期最终达到一个积极的目的。"你可以用下列话语激励自己，给自己种下一个正面的心锚。

"舞台一站成功一半。"

"加油！加油！加油！"

"我可以完成这次演讲。"

"第一次站上舞台的我已经很棒了。"

……

这些积极的心理暗示可以帮助我们慢慢接受自己站上舞台进行演讲这个事实，帮助我们接受自己的演讲虽然不足，但是只要完整表达了，就已经成功了。

我在线下采用过多次运用正面积极心理暗示的方法，帮助很多人从害怕演讲到侃侃而谈。

"之前我在舞台上演讲的时候，我总是觉得自己一定讲不好，我应该是全场最差的演讲者，给了自己很大的心理负担。但自从我尝试转变跟自己的对话，告诉自己只要能够站在舞台上就是最棒的，我发现一切都在改变，我开始尝试露出在舞台上从来没有的微笑，我开始尝试跟观众开玩笑，我开始慢慢变得相信自己。正面的心理暗示确实可以让我没那么恐惧舞台了。"

这位学生曾经就是给自己负面心理暗示的人，他在某金融公司做销售主管，虽然他对客户的把握和私下沟通都没有问题，但他曾一度觉得自己只要上舞台就讲得不好，而没办法当众分享，一次次拒绝公司给他的机会。甚至到后来，因为他惧怕当众表达而很少给团队开会,很多新入职的员工,到很晚才知道他是负责这个部门的主管。当我帮助他找到正确的缓解紧张的方式,将负面心理暗示转换成正面心理暗示后,每一次的公司分享他都不再拒绝,并且主动组织部门会议,再也不会出现部门新员工不认识他的情况,自己的工作也进行得更加顺利。

正面积极的心理暗示不仅是我们在上舞台之前的心理安慰,更是将内心状态调整到正向的一个过程,慢慢地你演讲时的焦点不再是自己犯的错误,而是放在自己当时的闪光点。在初登舞台之时,自信心的建立尤为重要。当我们获得了舞台上的自信之后,在表达技巧上的问题也会慢慢解决。如果缺少自信,再多的技巧都没办法帮助我们拥有一个好的舞台状态。

要记住,每一次站在舞台上的我们,就是全场最棒的那个人,所有人都会为我们的勇气喝彩!

除了负面心理暗示会给我们的演讲造成影响之外,还有些朋友因为自己的"完美主义"无法让自己的表达顺利地进行下去。这也是影响自信心的因素之一。

2. 完美主义作祟

"大家好,今天我给大家分享一件在我生活当中有趣的事情。那是在去年夏天,我和朋友们一起去海边玩,我看到海边有很多人(突然打断自己)哎呀……不对不对,我讲得不对,跟我想的不一样。就是我看到有成年人、老人、小孩,他们都一起在海岸边玩耍。有的小孩子还用沙子堆起了沙雕,因为我很喜欢小孩子,所以我跑过去想帮孩子们一起玩沙雕(再次打断自己,我在说什么,我刚才不是这么想的）算了，我没想好，我再想想。（边说边走下台）"

这样经常性打断自己说话的演讲者在演讲初学阶段比比皆是，像这样的演讲者并不是没有知识储备，也并不是有语言障碍，而是对自己说的每一句话要求都很高，一旦自己讲出来的内容跟想的有一点儿误差就会打断自己，觉得自己说得不好，甚至到最后干脆不讲了。这种完美主义的心理状态不仅对演讲没有帮助，反而会成为我们演讲中无法顺畅表达的主要原因。

演讲中非常典型的完美主义者，他们常常会跟自己说：

"我必须要表现好！"

"我必须要是最出色的！"

"我要讲的跟我准备的一样，一个字也不差！"

"我的下属都这么能讲，我讲不好怎么办？"

这种对自己期望值太高的压力，会让你不能容忍任何一点小的瑕疵。英国临床心理学家罗兹·沙夫曼和澳大利亚科廷大学临床心理项目负责人莎拉·伊根共同著作的《克服完美主义》中提道："完美主义者经常担心自己不能完成既定目标，在追逐目标的同时又害怕失败，这种对失败的恐惧不断侵蚀他们的自信，有时还会导致他们逃避工作……完美主义者的核心问题就是害怕失败。"这种自己给自己的压力感让完美主义者无法完成演讲，更别说出彩了。

其实，在演讲的时候出现小小的停顿，小小的忘词，是很正常的事情。没有谁是一次就能掌握演讲窍门，没有谁的呈现是完美的。实际上，我们都知道这个世界上没有绝对完美，只有相对完美。不要妄想自己第一次上台就演讲得天衣无缝，在缺乏舞台经验的情况

下,先完成一次表达就好。我们要降低对自己的期望值,不要觉得自己一定要完美表达,而是要跟自己说:

"先完成一次表达就好。"

"先完成,再完美。"

"讲完就好。"

一般情况下我都会送给这样的伙伴4个字:"放过自己"。

只有放过自己现在的绝对完美主义,才会迎来相对完美的一次演讲。

完美主义者在一次次打断自己中慢慢削减了本应该具有的演讲自信,这样的完美反而让事情进展得极其不完美。如何能够让自己的表达真的趋近于想要的完美呢?首先要完成一次完整的表达,如果不完成一次完整的表达,又怎样可以知道从哪些方面入手会让自己更加"完美"呢?

先尝试完成一次完整的演讲吧!没有绝对完美主义作祟的你会发现,在舞台上的你每一次都是在绽放光彩,每一次都是进步。

📖 要点提示

1. 使用正面的心理暗示。将负面的心理暗示以及心理状态调整到正面。

2. 放过自己。先完成一次完整的演讲,才能迎来相对完美的表达。从而提高自己在舞台上的自信心,让自己的表达状态更好。

1.4.2 手足无措？3个动作让舞台上的你更有把握

很多人一在公开场合演讲就肢体僵硬、手足无措、声音颤抖、面红耳赤，台下的观众一看就知道"这个人很紧张"，进而影响自己的正常发挥。那么，该怎么缓解演讲过程中手足无措的情况呢？

既然说紧张是一种情绪，那确实有另一种情绪跟紧张很像，就是生气。大家都生过气吧？生气的时候大家会用什么样的方式发泄呢？

（1）吃吃吃；

（2）跑一圈；

（3）大喊大叫；

（4）买买买。

不管你选择以上哪一个，你会发现我们都在——动。换句话说，动可以帮助我们缓解紧张的情绪。但不是说让你在舞台上乱动，不是让你在舞台上跑来跑去，脚尽可能地站定或者适当地走动。这里的"动"指的是，上半身我们可以有手势和动作。

手势动作除了可以增强演讲者的感染力之外，还可以适当地缓解紧张，在舞台上很多演讲者因为紧张而忘记出手势动作。其实，手势动作我们每个人都会出。想一想，在生活当中跟朋友吃饭、聊天、撸串的时候会不会有手势动作？会有的。特别是当我们看到一个很好玩的事情，说不定还会手舞足蹈地去模仿。但只不过到了舞台上就忘记出手势了。现在我建议大家可以先尝试在演讲的时候出一些手势动作，不必在意是否规范，而是通过刻意调动手势动作，慢慢唤起我们对手势动作的记忆。同时，通过手势动作慢慢激发自己对

"表演"的欲望，让手势动作帮助你缓解紧张。

在这里我先跟大家介绍3个常用手势动作，更加丰富细致的手势动作内容我在"呈现篇"会有讲解。

常用手势1：一飞冲天

用手比出数字"1"，将手指向上，这个动作可以表示所有跟1有关的数字。还有最好、最棒，都是这个动作。之所以叫作一飞冲天，指的是这个动作指天指地不指人。通常指向上（天）的时候，都是积极正面的表达。

常用手势2：一锤定音

手握拳头，表示坚定力量的感觉。可以用于我坚信、一定、必须等鼓舞气势的词汇，让整个演讲充满力量，一锤定音。

常用手势3：两把手刀

两把手刀表示欢迎，四指并拢，虎口打开，手呈武侠小说中的"手刀"状。这个动作的使用范围十分广泛，可以表示欢迎，可以表示方向，也可以表示有请。

正确的手势动作不仅会让我们缓解紧张，还可以让我们在舞台上显得更加有气场，所谓动作创造情绪，不妨先尝试在表达中加上这3个动作，会帮助我们缓解紧张并且增强在舞台上肢体动作的丰富性。

除了增强手势动作之外，还可以在上舞台之前尝试跳一跳，或者提前10分钟站起来，这些小技巧都是能够用动的状态缓解紧张的方式，再与手势动作相结合就更能够增强自信。

1.4.3 惧怕陌生环境？提前到场，降低语速增强演讲自信

我们到了陌生场合会有紧张反应，让我们变得不够自信。那如果相对熟悉的场合，我们就不会有这么多紧张现象出现了。想象一下，我们在家里的时候会紧张吗？当我们在家里这种放松的环境下是不会紧张的。

那怎样可以缓解舞台紧张感？让陌生环境变成熟悉环境，这样紧张感就会降低很多。这就要求我们在条件允许的情况下，要多上舞台，尽可能在正式演讲的场地进行练习，多熟悉场地，增强对场地的把握性。有了一定的把握，我们的自信心就会增强。

同时，在上舞台之前，尽可能地对自己的表达内容熟悉一些，反复地在台下站着进行练习。如果时间允许的情况下，可以在舞台上反复地预演，想象台下坐着数以万计的观众，一遍一遍地彩排预演会让我们的演讲更加有把握。

不仅仅是演讲新手需要在舞台上不断地预演练习，即使是演讲非常出色的高手也依然会在演讲之前提前到场，反复预演。比如，乔布斯的苹果发布会在正式召开之前已经预演了无数次。罗振宇的跨年演讲据说每年 6 月就开始进行筹备。我们大家喜欢看的综艺辩论赛《奇葩说》里的每一道辩题，选手们都是准备一周左右的时间后进行录制剪辑才最终呈现在观众面前的。那身为普通人的我们，少了很多舞台经验，多了对场地的陌生感的我们，为什么不提前到场多预演几次？经过在实际场地练习之后，再正式上舞台的时候，就不是第一次上舞台了。陌生感降低了，熟悉感提高了，发挥自然也会更好。

提前到场，降低语速增强演讲自信

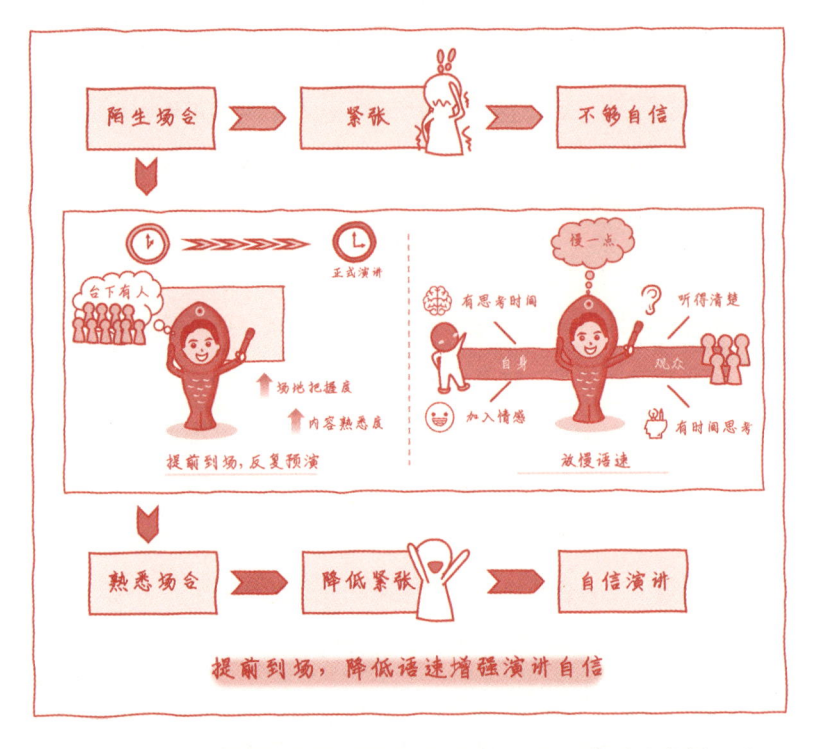

同时，我们要注意，演讲时的语速要比平时说话稍微慢一些。因为有些人一紧张语速就会变快，想赶紧讲完，马上下台。导致观众在听的时候还没有反应过来就结束了。这就要求我们在演讲的时候提醒自己：慢一点儿。

第一，对我们自身而言，语速放慢的好处非常多。

1. 给大脑时间思考

有很多朋友上了舞台由于紧张，所以越说越快，越快越忘，会出现明显的忘词情况。这不是因为我们没有准备，而是因为语速太快，导致大脑没有时间去思考到底应该说什么。所以，放慢语速可以让大脑多一些时间去思考自己要讲的内容，让我们的表达没那么匆忙。当大脑想起要表达的内容时，我们就会有一种胸有成竹的感觉，对自己的表达更加有信心，自信度也随之提高。

2. 可加入情感

表达速度过快就没有情感可言。表达中缺少感染力，往往会给整个演讲减分。语速放慢有时间和空隙调整自己的情绪，加入适当的情感，增强表达的感染力。没有任何一个有感染力的表达者语速是飞快的。

第二，对观众而言，也有很多帮助。

1. 听得清楚

有很多演讲者会带有一些方言表达，这时观众的注意力需要相对集中才能够识别演讲者要表达的内容是什么。此时如果语速过快，观众还没有听清楚就进行下面的内容了，久而久之观众就会放弃继续听下去。

2. 有时间思考

我们在演讲中会发表自己的观点，甚至会抛出问题或者新的概念引发观众的思考。如果语速过快，观众缺少了思考的时间，可能会导致观众对演讲者所表达的观点不能够充分理解，或者没有足够的时间想明白，或者对新的概念没办法引发思考。这样也会使观众放弃继续听下去。

在这里我们只对语速提出简单的要求，具体的语音语调以及声音的感染力我们会在第五章为大家讲解。

到这里，我们一直在讲紧张给我们带来的负面影响，难道紧张就没有一点儿好处吗？如果大家有过类似的想法，下一小节的内容也许会改变大家的看法。

1.5 紧张真的不好吗？其实紧张也有好的一面

难道紧张就一定要被消除吗？难道紧张就一点儿好处都没有吗？并不是，其实适度的紧张会很好地帮助到我们。

比如，我们先反向想象这样的场景，我们平时什么时候最放松？在什么状态下是最放松的？是不是躺着睡觉的时候是最放松的？

再来想象一下，如果今天要进行一个演讲，带着躺着睡觉最放松的状态来到舞台上……这样的状态能行吗？如果真的带着睡觉的状态来进行演讲，我们的演讲极有可能是有气无力的。如果一个有气无力的演讲者在给我们进行分享，这样的演讲是很难有感染力的。实际上，一个有气无力、缺少激情和热情的演讲是很难打动观众的。所以完全不紧张也是不行的。

适度的紧张可以让我们从身体上重视演讲，调动我们想表达的激情。

法国心理学家埃米尔·库埃在《心理暗示力》这本书中提道："你应当认识到，当众说话时的恐惧对人的交流是有益的，因为人类天生就有一种应付环境中不寻常的能力。当你注意到自己的脉搏和呼吸加快时，千万不要过于紧张，而要保持冷静。因为你的身体一向对外来的刺激保持着警觉，这种警觉表明它已采取行动，以应对环境的挑战。"

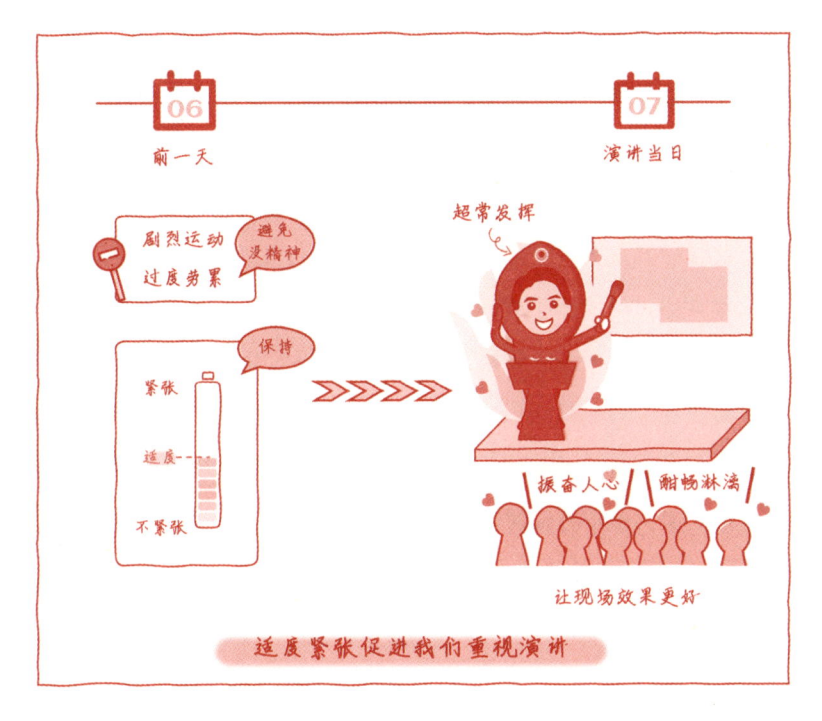

第一章 认识 别怕，紧张没你想的那么可怕

适度紧张促进我们重视演讲

在这里需要提示大家：如果第二天我们有一个比较重要的演讲，前一天最好不要剧烈运动，适当运动是可以的，也不要过度劳累，要休息好。因为剧烈运动和过度劳累都会让身体很疲乏。疲惫乏力的身体状态会让我们没有紧张感，因为根本提不起精神，身体想休息，一个很疲惫的身体，也很难有演讲的激情和热情。

"李老师今天的课程状态不太好，整体学员的感受度也不是很高。这是什么原因呢？"

"听说李老师昨天出去爬山了，今天上午来的时候就感觉很累的样子，上课前一直在打哈欠。"

"那怪不得。"

即使是有多年培训经验的老师，如果前一天剧烈运动，第二天身体上会比较疲乏，不会有任何紧张的感觉，也没办法很好地发挥自己的最佳状态。这就是完全不紧张的后果。

适度的紧张可以让我们对表达更加重视，让我们的身体状态更好，这样的紧张感甚至会让演讲者超常发挥，让现场的效果更好。

本章通过对紧张生理以及心理上的分析，来帮助大家更好地了解自己为什么会紧张。同时，给出了缓解过度紧张的解决方法。当我们解决完令我们最为头疼的紧张之后，就是在演讲中如何进行表达，这也是大家很关心的问题。下一个章节，我们从演讲的开场开始帮助大家一步步打开演讲的大门。

本章训练　突破自己，站上舞台

通过本章内容的学习，详细地与大家分析了紧张的成因以及相应的解决方案。一切没有实操的理论都只是纸上谈兵。第一章的练习只有一个！

不论怎样的场合，站上舞台，突破一下，尝试一下，感受一下舞台气息，也感受一下我们站在舞台时的那份激动心情。

本章答疑? 自己练习的时候也可以达到缓解紧张的效果吗？

答案是：当然可以。自己私下练习的时候可以采取以下3种方式中的任何一种来达到缓解紧张的效果。

1. 熟练内容

我们说熟悉的内容会给演讲者更多的把握和自信，所以私下里不断地练习一定会减少紧张感，增强把握。在这里需要注意的是，不是多次背诵，而是多次脱稿全程练习。不必和纸上的字完全一样，意思梗概一样就可以，允许自己的语言有随机性，只要把想表达的思想和观点表达出来就可以。

2. 对着物品练习

假设家里的桌椅板凳都是观众，面对这些观众绘声绘色地进行完整的演讲，脑海当中想象下面的观众可能会有怎样的反应，我该做出怎样的应对，从而增强对舞台观众的把握，降低紧张感。

3. 对着镜子练习

如果说桌椅板凳没有办法给我们回应，那照着镜子练习或者是用手机录视频练习就是非常好的练习方法。因为镜子里和手机里的那个自己会给我们最真实的实时反馈。不过要注意的是，不论是对着镜子练习还是用手机录视频，都一定要看自己。因为我们敢正视自己的时候，也就是敢正视观众的时候。

第二章

开场　万事开头难，好的开场是成功演讲的一半

中国有一句古话叫万事开头难，这个"难"同样也发生在了演讲这件事上。特别是即兴表达、即兴演讲的时候，我想很多人都有过这样的经历：公司开会，领导突然点到自己的名字，让我们在所有人的面前对上个月的工作情况进行分享。这种很突然的情况，往往让被邀请者一时之间站在舞台上也不知道说些什么好，甚至连第一句话该说什么都不知道。

有一次，我应邀给演讲比赛做中文评委，在那次比赛中，有一位演讲者就遇到了类似的情况。那是最后一个颁奖环节，当主持人邀请第一名的获奖者上台领奖以及发表获奖感言的时候，他直接愣在那里不知道如何是好，估计他并没有想到自己可以获奖，从台下走到台上的时候整个人都是恍惚的。主持人邀请他发表获奖感言，他都不知道自己说了些什么："这个我真的没想到……没想到我能得这个奖……我也不知道该说些什么……谢谢……"话也没说完，人就走了。

可见即使是获得了演讲冠军这样的优秀演讲者，在毫无准备的情况下，也一样会连第一句话说什么都不知道，更别说进行一个完整的表达了。

既然"万事开头难"，那演讲这件事儿，我们就先来解决开场

第一句话的问题。

2.1 即兴演讲紧张到连第一句话都不会说？开场的第一句话永远都是……

2.1.1 开场的第一句话，永远都是问好！

我们先来回忆一个场景，每天早上我们来到公司上班见到第一个同事的时候会说什么？我想大家一定会非常自然地回答我："好""早上好"。没错，我们早上见到同事的时候通常都会自然而然地打招呼。那如果我们早上遇到领导了呢？大家会这样回答我："王总，早上好。"那如果我们一下子遇到了很多同事会怎么说？"大家早上好。"很多个领导呢？"各位领导早上好。"如果今天由我们自己来主持一次工作会议，我们发现台下有很多领导、很多同事，应该怎么说？"尊敬的各位领导，亲爱的各位同事，大家早上好。"我们会发现，人越多，形式上给人的感觉就越正式，越正式的场合问好的形式就越长。

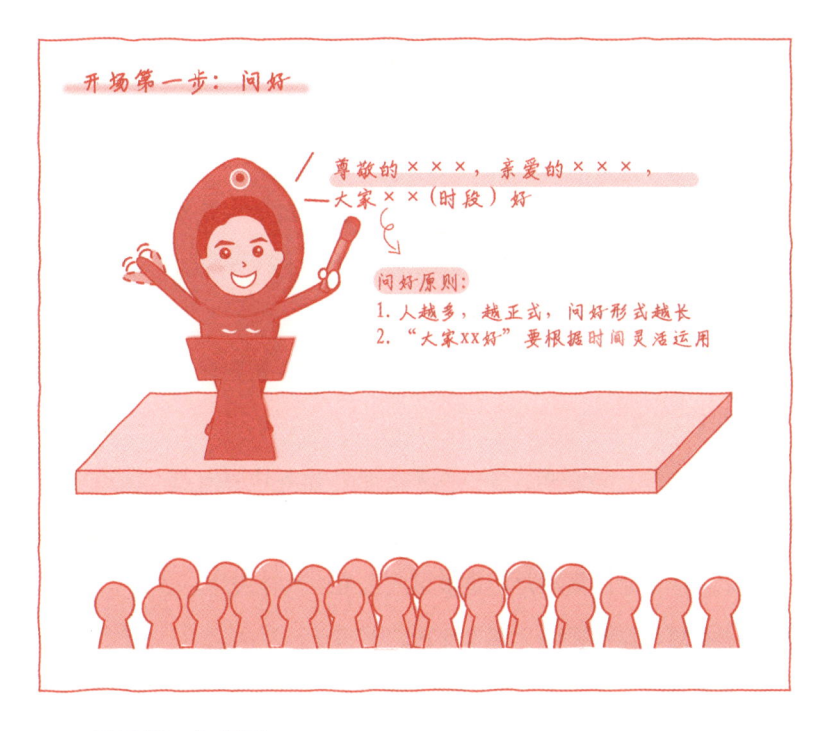

第二章 开场 万事开头难，好的开场是成功演讲的一半

开场第一步：问好

尊敬的×××，亲爱的×××，大家××（时段）好

问好原则：
1. 人越多，越正式，问好形式越长
2. "大家××好"要根据时间灵活运用

开场第一句原则

人越多的场合，问好的形式也就越长。

开场常用基本句式

尊敬的×××，亲爱的×××，大家××好。

开场时间原则

"大家××好"，当然分早上、中午和晚上，大家要灵活运用，具体情况具体分析。

开场第一句很简单，重要的是不管准备好的表达还是即兴表达开场的第一句都是问好。既然这么简单，我们来一个小小的训练。

我们利用基本句式，秉承上述原则，参考以下的场景来做个小

25

练习。

根据基本句式,我们按照不同的人群来进行内容的切换。

场景1

我们将参加一个行业内部的活动,要求每个人做分享。我们所面对的观众,并不是公司领导和同事,而是行业内部的同人。所以,这时候我们该如何问好?

如果这个业内活动很受重视,有很多业内领导在,按照句式我们可以这样表达:

"尊敬的各位领导,各位来宾,亲爱的各位同人们,大家中午好。"

如果这个业内活动并不是很正式也可以这样表达:

"在场的各位同人,各位朋友,大家好。"

场景2

公司开展了一次答谢宾客的宴会,我们要去做这次宴会的主持人,那我们在舞台上开场的第一句话问好要怎么说呢?

首先,我们先分析一下公司答谢宾客宴会所到场的人群有哪些?

领导、同事、嘉宾,如果是这三类人,需要怎样问好呢?

"尊敬的各位领导,亲爱的各位嘉宾,各位同事,大家晚上好!"

场景3

假设公司的业务是与小孩子有关的,今天是"六一"儿童节,我们去幼儿园搞活动。在活动现场,作为活动整场的组织者和主持人,问好应该怎么说呢?

同样,我们来分析一下参加这次活动的到场人群都有哪些呢?

可能会有园领导、老师、家长、小朋友。我们可以这样问好:

"尊敬的各位领导,各位老师,亲爱的家长,可爱的小朋友们,大家下午好!"

场景4

假设我们担任一次培训的主持人,这个时候该如何问好?

我想这时候大家自己就会主动分析人群了,培训的人群一定有老师和同学。

我们可以这样说:

"尊敬的各位老师,亲爱的各位同学,大家早上好!"

各位读者们通过练习,一定已经发现了问好的小秘密:先分析场合人群,再套用固定公式就可以进行非常专业的问好了。

这一节的最后,给大家留一个小作业,去看看春节联欢晚会的问好是什么样子的?

在解决了"万事开头难"的事情之后,下一句应该说什么呢?大部分朋友到第二句已经开始纠结了,到底是先跟大家客气寒暄还是先自我介绍呢?

2.2 即兴演讲开场中的自我介绍

其实,先寒暄还是先自我介绍都可以,但是有很多情况下,大家上舞台之后一激动就忘记自我介绍了。所以,在这里我建议大家在问好之后先做自我介绍以免忘记。

演讲中的自我介绍非常简单,只需要介绍自己的身份、地位和名字就可以了。也就是说我们要告诉观众此时此刻出现在这里的原因,为什么观众要在这个时候听我们讲。同时,也不要忘了告诉大家你的名字,如果有观众听完真的非常喜欢这次演讲,结果演讲者自己忘记说名字了,那可能就错过了一次出名的机会。

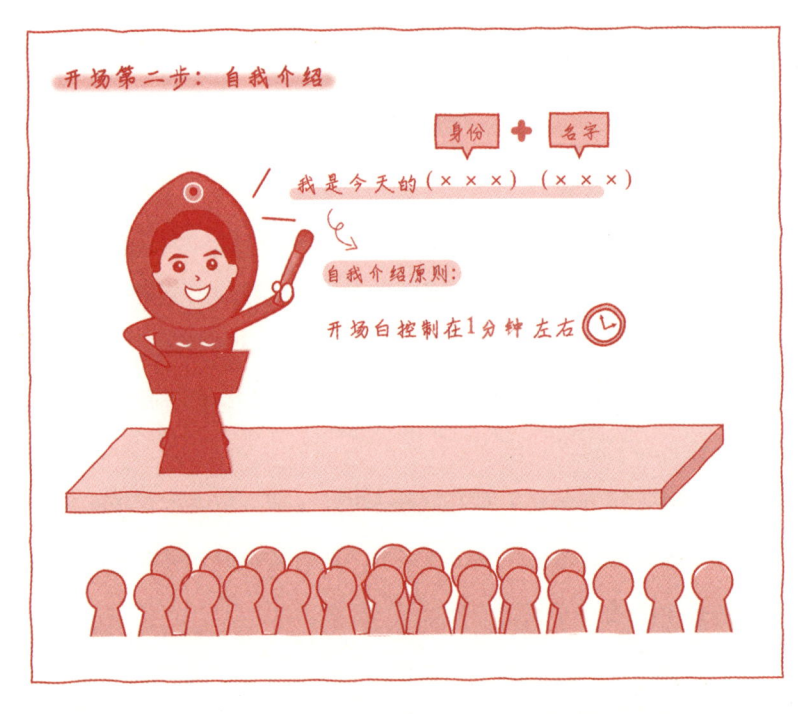

演讲中的自我介绍比较简单,我们直接进入小训练环节,我们一起来想一下,下面3个场景我们的身份和地位是什么?

场景1

假如今天我们是某个演讲比赛的演讲者,此时此刻我们的身份和地位就是演讲者。

我们可以这样说：

"我是今天的演讲者王小二。"

场景2

假如今天公司组织年会，我们是年会主持人，此时此刻的身份就是主持人。

我想大家已经知道如何回答：

"我是今天的主持人张小五。"

场景3

假设大家是公司新调来的销售部总监，今天是我们第一次参加公司集体会议，按照开会流程惯例，下一个轮到销售部总监发言，我们理应做一个简单的自我介绍，因为并不是每一个人都完全认识新总监。

我们可以这样说：

"大家好，我是新任销售部总监王小六。"

演讲当中的自我介绍就是如此简单，不需要说太多，因为整个开场白我们要控制在1分钟左右，而开场又有4个步骤，开场耗时太多就会影响到整个演讲的时间进程。

除了演讲时需要做自我介绍之外，实际生活当中我们最高频的当众讲话无疑就是各个场合的自我介绍了，怎样进行自我介绍能够让别人记住我们，能够让别人知道我们的职业价值呢？我们在此补充一下生活当中即兴演讲的自我介绍部分。

2.2.1 你还在用传统的自我介绍吗

说到这儿，我们就不得不单独提一下自我介绍，演讲中的自我介绍相对简单，只要介绍必要的信息就可以了，主要是为了把时间留给后面的演讲内容。

但日常生活当中大家遇到最多的当众发言的场合之一就是单独的自我介绍了。比如，来到一个新班级需要自我介绍，来到一个新单位需要自我介绍，参加一个活动也需要自我介绍。所以今天我们单独把自我介绍的部分在这里跟大家细致地分享一下，在这些日常生活当中的场合应该如何做自我介绍呢？

先问一个问题，大家还在用传统的自我介绍吗？

传统的自我介绍通常介绍姓名、职业、家庭住址、兴趣爱好等。我们把这种自我介绍的方法开玩笑地称作：相亲式自我介绍。

那在私下里比较轻松的聚会用相亲式介绍都是可以的，如果当着很多人的面自我介绍，怎样介绍会比较好呢？先给大家分享单独自我介绍的方法。

1. 问好

基本上所有的开场都是以问好的形式开始的，不论是平时一对一的表达还是当众的表达都要给对方问个好。比如，大家想象一个场景，早上上班见到同事或者领导的第一句话是什么呢？大多是"早上好"，有些朋友是"Hello"，这也是一种问好。

例如：

各位朋友大家好！

各位伙伴大家好!

大家好!

……

2. 姓名

（1）一定要记得介绍自己的名字

自己的名字千万不要忘记介绍了，有时职业和来自哪里都想起来说了，到最后自己的名字却忘记告诉别人了。

（2）名字要讲清楚

在介绍自己名字的时候语速太快或者声音太小，往往都没办法让别人听清你的名字，更别说记住我们的名字了。

（3）名字组词印象更深刻

如果能将名字当中的字组成熟悉的词语会让大家的记忆更加深刻一些。

例如：

我叫于木鱼，干勾"于"（北方）/于是的"于"（南方），水木年华的"木"，如鱼得水的"鱼"，大家可以直接叫我木鱼。

我叫秦心，秦朝的"秦"，一心一意的"心"，大家可以叫我小秦。

……

3. 职业

如果只是普通社交目的的话，只需要介绍清楚自己是从事什么职业就好。如果想特别突出自己的职业，可以参考场景2。

例如：

我是一名培训师。

我是一名银行工作者。

我是一名公务员。

我是一名产品经理。

我是一名自由职业者。

……

4. 来自哪里

（1）介绍自己的家乡

例如：

我来自辽宁大连。

我来自重庆。

我来自广州。

……

（2）介绍单位

例如：

我在××培训公司工作。

我在政府部门工作。

……

2.2.2 印象亮点

1. 名人名言法

例如：我喜欢这样一句话："贫者因书而富，富者因书而贵。"所以我是一个很喜欢读书的人。

曾经网上流传这样一句话："世界那么大，我想去看看。"没错，我是一个喜欢旅行的人。

……

2. 名字寓意法

如果名字有寓意，可以用父母起名字的寓意来进行自我介绍。

例如：之前，有一位老师用名字寓意的方式给我介绍了她的两个宝宝的名字，我一下子就记住了。她说：我儿子叫子佩；女儿叫子衿。取自《诗经》中的青青子衿和青青子佩。子衿、子佩在古代都是指读书人，我们希望孩子们能够成为读书人。

这位老师的两个孩子名字的介绍我很难忘记，因为名字当中蕴含着父母对于孩子的爱。如果我们的名字也有寓意，不妨直接采用，会更能让人印象深刻。

2.2.3　3KY自我介绍法——3个关键词突出职业特点

3KY法，即利用3个关键词（Keywords）来突出自己的优势。

例如：下面我用3个词来介绍一下自己。

第一个词，演讲教练。

第二个词，自律军人。

第三个词，优秀"铲屎官"。

用3个高能词汇概括自己最想突出的价值。

比如第一个词，演讲教练。显而易见是为了突出自己的职业性质，在自我介绍的过程中，也可以加入我们职业能够给别人怎样的帮助。

例如：从业10年期间，我帮助2万人摆脱演讲的紧张，并且让他们喜欢舞台分享。如果你也想获得演讲能力提高个人影响力的话，可以找到我，我们一起成长。

第二个词，自律军人。就跟自己的经历有关，我曾经在武警河北总队服役，即使退伍了，也依然保持军人的规律作息。你也同样可以将自己的经历归纳总结。

第三个词，优秀"铲屎官"。突出了我的一位重要家庭成员——猫咪，也表达对猫咪的喜爱。

这三个词也不一定非要面面俱到，如果你只想突出工作，那就总结你工作中的三个特性，作为关键词就可以了。

2.2.4　2N 自我介绍法——2 个数字突出个人特点

2N 法即在自我介绍中可以借助 2 个数字（Number）来突出自己的特点。

相对来说，人对数字比对文字要更敏感一些。用数字法来进行自我介绍，会很明显地突出你所要表达的人物特征。

例如：之前我有一次在重庆参加培训，有一个老师很好地运用数字法进行了一次自我介绍。

"……我想用两个数字让大家记住我，第一个是'10'，第二个是'2'。首先来说一说10，这是我第10次来到山城重庆，而恰好，这10次都是为了上××老师的课，我可是老师的铁粉啊。其次说'2'，这一次跟前9次相比，都很不一样，这一次我不再是1个人来（难道带着爱人来了？我们都在想），此时此刻站在这里的我其实正是2个人在做自我介绍的。没错，这第10次，我带着肚子里的宝宝一起来上课。"

这样我们就记住了，这位来重庆上过 10 次课的准妈妈。

2.2.5 必有收尾

1. 收尾要感谢

表达必有结尾，有很多人不知道说什么，就草草收场。其实收尾很简单，只需要说声"谢谢大家"就可以。

2. 收尾可祝福

如果觉得光说谢谢有些单调，也可以给大家带来祝福。

例如：

祝福大家都能收获自己想要的人生。

祝福在座的每一位。

祝福我们各位伙伴都能够终身成长。

3. 收尾可希望

收尾还可以采用希望的方式。

例如：

希望能跟大家成为好朋友。

希望大家都能够收获到更多的知识。

希望大家都能够通过学习改变人生。

2.3 即兴演讲开场中的中国特色——客气话

2.3.1 想让观众喜欢你吗？先跟观众拉近距离

开场的第三步客气话，也可以叫作寒暄，是很多人独有的一种开场环节。

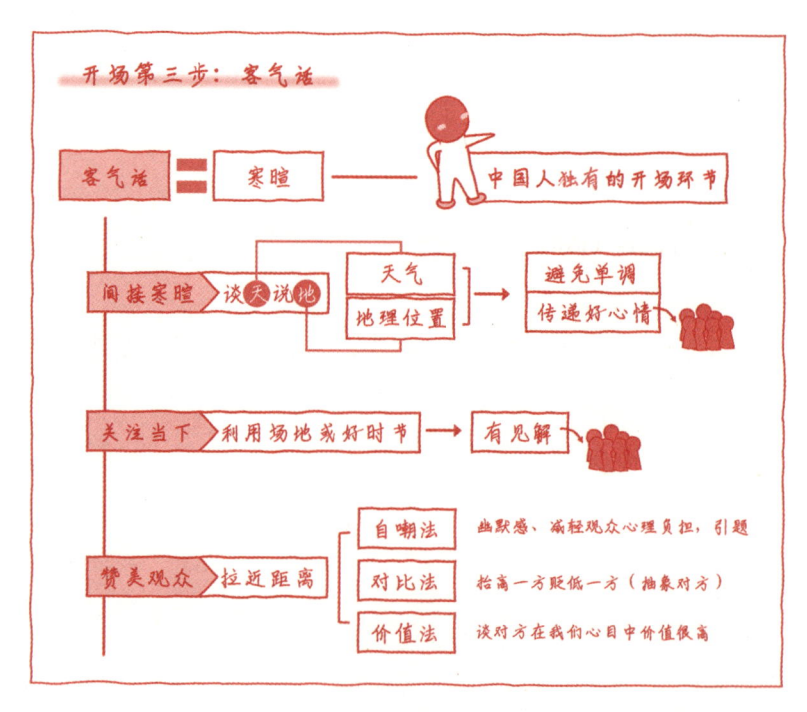

很多人说话比较委婉，说话很少直切主题。比如，找朋友借钱这样的事。我们不可能一上来就跟朋友说："借我 10 万块钱吧！"这样不仅让我们很难说出口，即使说出口了，朋友听了也很刺耳。所以，人们在接收信息和传达信息上都是喜欢先有个"心理准备"。

如果我们真的去朋友家借钱通常会跟朋友先套近乎。

"哎呀,我看你最近气色不错,是不是工作很顺利?"

"你家房子装潢真不错……"

"好久没跟你联系了啊,最近太忙啦……"

当我们跟朋友聊了一段时间后,才能说出此次前来的真正目的——借钱。这就是很多人独有的表达方式。在舞台上也是一样的,如果我们一上来就直接说演讲的主题,观众一下子接受不了,缓不过神来,跟不上我们的节奏,当他们缓过神来,说不定我们的分享已经进行三分之一了。所以,在此之前,演讲者需要跟观众客气一番,套套近乎。

有一种说客气话的方式非常常见,也很简单,可以直接拿来用,大家一定见过有人在舞台上这样说:

"我很荣幸能够参加这次活动!"

"我很高兴能够主持这次活动!"

"我很开心能够站在这里与大家分享我的故事!"

我把这些方式统一称作直接寒暄。

直接寒暄的优点是不需要学的,听几次就能够使用。同时也有一定的缺点,就是给人的感觉比较单一,说来说去就这么几句,觉得没有什么新意。

那怎样说能够让我们更有新意,下面给大家分享一个方法叫作间接寒暄。

2.3.2 谈"天"说"地",让观众觉得你很有亲和力

有一种谈天说地的方式,既可以解决直接寒暄带来的单调问题,还可以让我们跟观众的距离更近。

谈"天",天在这里指的是天气,可以利用天气。同时,谈天气有一个原则:好心情原则。不论天气是好还是坏,都要传递给观众好心情。

1. 好天气

"在这样的好天气里,与大家相聚在一起,我特别开心。"

"在这样一个晴朗的天气里与大家在这里分享,我非常高兴。"

"在这样一个阳光灿烂、艳阳高照的日子里与大家一起分享我的故事,我觉得非常高兴。"

……

我们会发现好天气比较容易表达,那恶劣天气怎么办呢?比如:下雨了怎么办?下雪了怎么办?这时如何能够给观众带来好心情呢?

2. 下雨天

一想到下雨,有些伙伴会想到凉爽,不错,确实可以采用凉爽这个角度。一般在夏天,下雨天能够给我们带来凉爽而愉悦的感觉。我们可以这样说:

"外面下着淅淅沥沥的小雨,给这个炎热的夏天带来了一丝凉意,在这样一个凉爽的天气里与大家相聚在一起,我觉得非常开心。"

但如果是秋天和冬天呢?下雨可就不是凉爽的感觉了,而是很冷。这个时候我们可以思考一下雨水好的寓意。雨水在古时候有一

个寓意是"财富",借喻"财富",我们可以这样说:

"大家看到今天外面下着雨,在古时候雨水是财富的象征,那么也预示着我们的活动会越办越好,大家的腰包满满。"

3. 下雪天

如果是遇到下雪天,大家会如何进行寒暄呢?年底的年会或者圣诞节,北方最容易下雪,这个时候如何寒暄可以给观众好心情的感觉呢?你可以这样说:

"俗话说得好,瑞雪兆丰年,在这样一个祥瑞的天气里我们大家相聚在一起,也预示着公司在新的一年里会更好地发展,我们每一个人也能心想事成。"

4. 恶劣天气

如果今天的天气十分恶劣,雷电交加、狂风暴雨,这个时候仍然有活动或者演讲需要进行,那如果我们非要用寒暄应该怎样说呢?这个时候我们可以这样说:

"在这样的天气里大家还能够如约而至,我想是对我们的活动(对我的演讲)最大的支持,我在这里代表主办方(我自己)感谢大家的到来。"

这种方式是天气十分恶劣,我们实在没办法的情况下使用的措辞,同时,除了寒暄天气之外,我们还可以寒暄场地和时节。

2.3.3 关注当下,让观众觉得你很有见解

1. 场地,特定的地方

除了天气之外,我们还可以利用场地来进行客套话。这个手法

是大家很常用的一种。如果我们细心观察过《超级演说家》等节目，会经常听到选手们这样说：

"今天很开心能站在《超级演说家》这么棒的舞台上与大家分享我的演讲。"

"我从来没有见过有这样好的平台能够让我们畅所欲言。"

"今天能够站在像《超级演说家》这么好的全国演讲比赛的现场，我觉得非常荣幸。"

所有的地方，只要我们站上去的那一刻，都可以说这样类似的话。

"很开心能在这么好的平台上与大家分享……"

"第一次站在×××舞台上与大家分享，我很开心……"

我们可以借鉴这种方法来与主办方拉近距离，同时也与观众拉近距离，让观众知道今天来参加这次活动是对的，是不虚此行的。

2. 好时节，特定时间，如节日

我们除了可以谈天说地之外，还可以利用节日。节日本身就充满了欢喜的因素，大部分节日都可以用在开场的寒暄部分给人以好心情的感觉。

比如中秋节我们可以这样说：

"在这样一个中国传统团圆佳节来临之际，与大家相聚在一起非常幸运，在这里祝愿大家家庭美满、幸福安康。"

比如元宵节我们可以这样说：

"今天能够在元宵佳节这样一个团聚的日子里与大家相聚在这里，我感到非常开心！"

儿童节、元旦我们可以这样说：

"今天是'六一'儿童节，在这里我祝愿我们的小朋友们节日快乐，天天开心！"

"再过几天就是元旦了，在这里我祝福在座的各位在新的一年里身体健康、心想事成！"

其他本身就寓意着美好的节日与这些道理相同，我就不再赘述了。

那有些不太好讲的节日可不可以用？

比如11月11日，这一天我们以前叫"光棍节"，如果觉得光棍很难描述出美好的样子，那就改一下，"双11"不也是购物节吗？购物节就简单得多了。

再比如清明节，清明节可能有很多人认为不太好用这个节日来寒暄，我们总不能说：能在清明节这样一个节日里与大家相见我很开心。演讲者如果这么一讲，大家可能不开心了。那如果非要说清明节，那怎么用呢？同样，我们想象清明节我们一般都会做什么，有什么样的意义？

清明节通常我们会扫墓，怀念祖先，怀念先辈。从这个寓意本身出发，运用清明节寒暄就会好很多，我们可以这样说：

"今天是我们古老的传统佳节，在这个节日里，我们怀念先辈，怀念祖先，证明我们在座的每一位都是感恩之人，我们整个民族都是感恩的民族，这也预示着我们的国家一定会更加繁荣昌盛。"

这样，看似不太好寒暄的节日也能够起到跟观众拉近距离的作用。

谈"天"说"地"的间接寒暄方法可以让我们大家将整体的演讲气氛放松下来，那如果用适当的方式来赞美观众，不仅可以起到寒暄的作用，还可以让观众更加喜欢我们，因为人性本就喜欢赞美。

2.3.4 赞美观众，让观众喜欢你

除了谈"天"说"地"以外，夸奖观众也是一个很好的选择。有很多情况下大家不知道如何夸奖观众比较好，我给大家推荐3种常用的夸赞观众的方式，同样可以起到跟观众拉近距离的作用。

1. 自嘲法

自嘲自黑是一种语言艺术，很多名人都会在演讲的时候使用自嘲自黑的方式来跟观众互动。

比如美国总统奥巴马在告别演讲的时候突然说话打结，本来场面瞬间尴尬，但马上自嘲是"弱鸡总统"，观众哈哈大笑可以缓解尴尬。

比尔·盖茨也曾在2007年哈佛大学毕业时演讲：《永远别向复杂低头》中这样自嘲："我为今天在座的各位同学感到高兴，你们拿到学位可比我容易多了。我值得称道的也只有被哈佛的校报称作'哈佛大学历史上最成功的辍学生'了。我想这大概使我有资格代表我这一类学生发言……在所有的失败者里，我做得最好。"这样的自嘲，学生们听起来会觉得更亲近，原来我们都是校友。

同样，像马云这样的演讲高手更是经常使用自嘲的方式进行开场。之前，在2018年"杭州·云栖大会"开幕式上，邀请了很多数学家前来参会，马云讲到数学的重要性时，用这样的一段话来进行

第二章　开场　万事开头难，好的开场是成功演讲的一半

开场（节选）："像刚才那些公式除了'1+1=2'和'勾股定理'以外，其他的我都没听懂……"这种方式既起到了幽默的效果，也减轻了其他数学没那么好的人的心理负担，同时巧妙地为后面的内容做了铺垫，为突出数学家们起到了重要作用。

2. 对比法

顾名思义，对比法是抬高一方贬低另一方。同时，我们要注意对比的对象不要太具体，否则容易得罪人。就比如在生活中也是一样的，我们要夸某位老师课讲得比较好："王老师我觉得您的课讲得太精彩了，比上次你们公司的张老师讲得好多了。"这样使用对比法并不恰当，很容易得罪人。

那怎样使用会比较好呢？不要对比具体的人，而是将对比的对象换成一个范围。同样都是夸老师，我们也可以这样说："王老师，我觉得您的课讲得太精彩了，是所有我接触的老师中最能够抓住我注意力的一节课。""所有我接触的老师"这个范围很重要。我们一辈子会碰到很多老师，谁也不知道我们特指哪一位。这样的夸奖既能够达到夸奖的目的又不得罪人。

那舞台上如何使用呢？道理完全相同，在对比法方面我们应该跟歌手们学习一下。很多歌手在开演唱会的时候都会这么说："上海的朋友们，你们太棒了，你们是我见到最热情的观众！"观众激动得不得了。下次他去北京还这么说，去成都也这么说，去任何一个地方都这么说。

我们在做演讲的时候也可以这么说："上海分公司的各位伙伴是我目前为止见到最热情的伙伴，我相信你们的热情可以感染我，

也一定会感染更多的客户。"

3. 价值法

谈对方在我们心目中的价值很高，值得我们牺牲时间、金钱来与之沟通。之前在私下里，我就运用这个方式夸过秋叶老师，在一次听完课之后说道："秋叶老师，您是我目前为止见过的最有干货的老师，我一直非常喜欢您，我特意从大连飞到武汉来听您这两个小时的课程。"这样一说，秋叶老师被夸奖的同时，还真的能够体会到我的诚意。

在舞台上的夸奖方式相同，我们也可以这样说："昨天我来成都的路上一波三折，本来是坐飞机，结果飞机停飞了，然后我想要不坐高铁吧，虽然时间长点儿，但也应该能在开始之前赶到，没承想高铁没有直达这里的票，我只好坐了一夜的顺风车才赶上今天的演讲。但这途中我从没有产生不想来的念头，因为在去年的分享中，我发现成都的伙伴是我见过最爱学习的群体，为了你们跋山涉水我也要来。"

我们通过谈天说地以及赞美观众这3种间接寒暄的方法，来帮助大家在说客气话的环节拉近与观众的距离，方法很多，但不必每个都用，只要起到跟观众拉近距离的作用就可以了，大家可以自己根据场合来进行选择。

与观众寒暄过后，还有一个重要的步骤，可以说这个步骤决定了我们的主题是否被塑造得更神秘、更有吸引力，这个重要步骤就是引出主题。

2.4 即兴演讲开场的点睛之笔——引出主题

2.4.1 吸引观众，突出主题的重要环节

在进行开场的前三步：问好、自我介绍、客气话之后我们应该说什么呢？有很多伙伴在这个时候就直接开始分享主题了。直接分享主题并不是不可以，但观众难免感觉有些突兀。因为客气话的作用只是跟观众拉近距离，跟我们要表达的主题没有任何关系。所以在抛出主题之前，还需要有一个环节，这个环节就是引出主题，我们简单地称之为引题。

2.4.2 引题的 6 种方式

这一步我认为是整个开场最重要的一步。因为无论中文演讲还是英文演讲都很重视这一步，特别是英文演讲。大家可以去看看 TED 演讲，可能没有前 3 个步骤，但是肯定会有引出主题这个环节。并且每一位演讲者都在这一步花尽心思，想办法引起观众的注意，吸引观众的眼球，将观众带入自己的主题当中。那怎样引出主题呢？我给大家介绍 6 种引题方法。

开场第四步：引出主题

引题的6种方式 · 点睛之笔

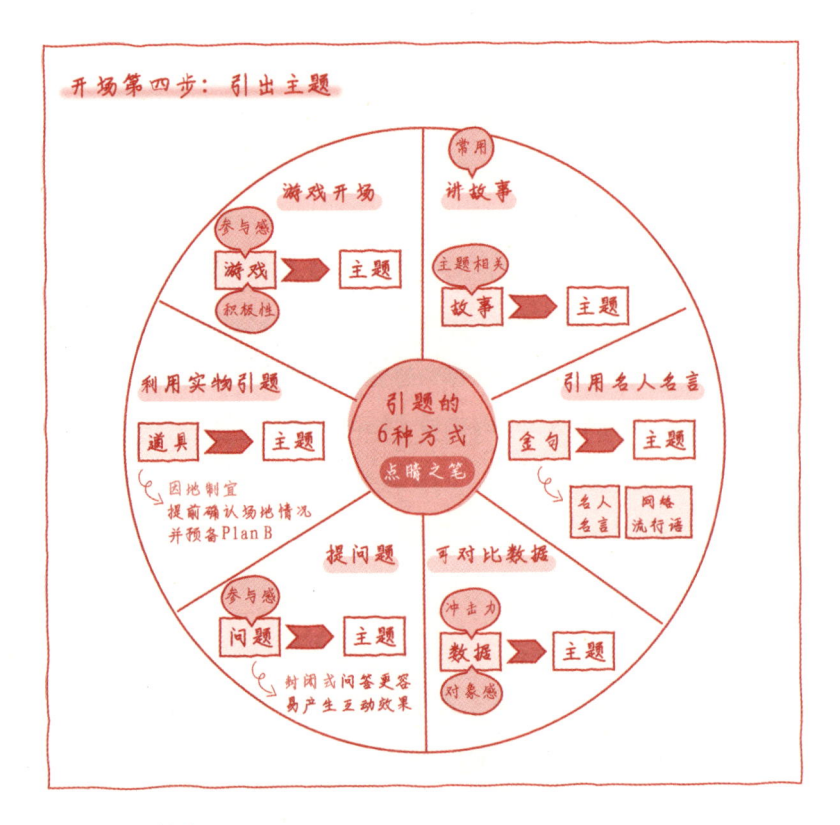

- 游戏开场：参与感、积极性 —— 游戏 → 主题
- 讲故事（常用）：主题相关 —— 故事 → 主题
- 利用实物引题：道具 → 主题（因地制宜，提前确认场地情况并预备Plan B）
- 引用名人名言：金句 → 主题（名人名言、网络流行语）
- 提问题：参与感 —— 问题 → 主题（封闭式问答更容易产生互动效果）
- 可对比数据：冲击力 —— 数据 → 主题（对象感）

1. 讲故事

讲故事的方法很常见，特别是在 TED 演讲中，几乎大部分的演讲者一上来就直接引用一个故事，就是用一个跟主题相关的故事带大家进入主题。

在《如何掌控你的自由时间》这篇 TED 演讲中，时间管理专家劳拉·万德坎姆作为演讲者先跟我们分享了两个关于时间管理的小故事。

"当人们发现我在写关于时间管理的内容时，他们总会假设两件事。第一件事是我总是很守时，但我不是。我有4个小孩，我倒是很想把偶尔的迟到怪到他们头上，但有时候并不是他们的责任。我有次连自己的时间管理讲座都迟到了，当时大家只得一起体会一下其中的讽刺意味。第二件事就是他们觉得我有很多诀窍来节省各种零散的时间。有时候我会收到杂志社的来信说他们正在根据这样的思路写文章，通常是关于如何帮助读者在一天中抽出一个小时的时间。这个想法是说我们把日常活动中省出零散的时间加起来，这样我们就有足够的时间来做有意义的事了。我对这个概念的整个前提保持怀疑，但我总是很感兴趣他们在给我打电话前想出了什么点子。"

劳拉用两个小故事告诉我们即使是时间管理专家也会被突发情况打扰而迟到，即使是时间管理专家在有4个孩子要照顾的情况下也没有大块时间处理自己的事情，零散时间就是大块时间。这也是她接下来要讲的演讲主题。我们通过她的引题会直接通过故事对她要讲的主题有印象，同时还有一点儿打破对时间管理常规认知的小笑点，这两个故事的用法起到了一举两得的效果。

除了TED英文演讲中喜欢用讲故事作为开场之外，罗振宇老师在他的演讲中也很喜欢使用讲故事的方式进行开场，比如他在2019-2020年的"跨年演讲"中，这样开场：

2019年马上就要过去了。你的心中有没有一个特定的人，在这一年，在某一刻，曾经点亮了你？我有。此刻，我想向他致敬——贝聿铭先生。

2019年5月16日，贝先生离开了这个世界，享年102岁。他是一个在世上留下了很多座纪念碑的人。但是，你如果去读他的传记就会发现，几乎他的每一个建筑作品，在当时都面临责难和挑剔，都是历经千难万险才来到世间的。曾经有人问他："你怎么看待外界对你的挑剔？"贝聿铭对此的回答是："我从来没有考虑过这些问题，因为我一直沉浸在如何解决自己的问题中。"

你、我、每个人都会有这样的"贝聿铭时刻"。不论你做过什么、在做什么，都会遇到形形色色的挑战。怎么办呢？贝先生的这句话是我听过的最好答案。

罗振宇老师用这位曾经点亮过他的人，以简短故事引出这次跨年演讲的主题："解决问题。"所以，我们可以用故事做开场引题，让观众从这一刻起就被你带进演讲之中。

同时，讲故事这个方法除了演讲者自我讲述之外，还可以采用多媒体手段来进行。比如，上场我们先给大家看一段短片，通过短片告诉大家我们要准备讲什么。再比如，在消防培训中就经常会采用这样的方式。消防的培训师在培训的过程当中，通常简单地问好后，就直接给我们播放一个关于火灾的视频，我们作为观众看到视频就会被触动，随后培训师会引出关于火灾的成因以及如何自救的部分。这些都是在使用讲故事的方式来引出主题。

2. 引用名人名言

引用名人名言、名言警句、经典词句，也是一个很好的引题选择。如果今天要分享关于思考的话题，我们可以引用孔子的话："学而不思则罔，思而不学则殆。"

如果今天要分享关于旅行的话题，我们可以引用网络流行语。网上曾经流传这样一句话："世界那么大，我想去看看。"

如果今天打算分享关于信任的话题，我们可以引用马云的话："真正的企业家最大的资源不是钱，而是信任"等，关于名言警句、名人名言，只要我们想找，都可以在网络上、书籍中找到很多符合自己主题的金句。找到之后直接引用，不仅可以达到引入主题的效果，还能够让观众感觉到我们是一个有储备的演讲者。

有的时候，我们可能在即兴演讲中准备的时间很少，突然想引用一句话，但实在想不起来是谁说的了，那该怎么办呢？我们可以采用"有人说、都说、听说、俗话说、网上流传着这样一句话"，这样的方式可以快速缓解"忘记是谁说的"尴尬情况。

3. 可对比数据

引用相关数据并且进行有效对比，可以让观众有很具体的对象感和冲击力。

比如，《超级演说家》的比赛中，演讲者刘耕宏在《健身改变人生》的演讲中引用了这样一组数据进行开场："我国每年有60万人因为过劳而死，而每年有280万人因肥胖所导致的疾病而死亡。"用两个数字进行对比，会给人历历在目的真实感。

当然，我们在进行演讲的时候，也可以运用引用数据的方式来带动观众的真实感受。但需要注意的是，有数据的同时还要有对比，缺少对比的数据，通常给别人的冲击力也会下降。

比如：公司今年的业绩与去年同期相比上升10%。

上升 10% 这个数据给每个人的感觉并不相同，有些人会认为上升幅度很大，有些人会认为一般，有些人会认为上升幅度很小，还有些人没什么感觉。作为演讲者，我们分享这个数据一定是有目的的，这组数据的分享一定是想让对方觉得数据是有很大上升幅度的。那这样只有数字的运用就不够，我们可以再加一个数据进行对比。

调整后：公司今年的业绩与去年同期相比上升 10%，这个数据是我们销售部 5 年以来最高的一个上升幅度，上一次上升幅度只有 3%。

10% 和 3% 的对比让观众一目了然，确实能够体会到确实上升幅度很大，引用带有对比的数据会让观众的感觉更加真实、清晰。

4. 提问题

提问题的方式是在舞台上互动效果最好的方式，这样会让观众有参与感，当观众有了参与感就不会觉得只是在听别人的演讲，事不关己的心态会大大减少。提问题有两种方式，一种叫封闭式问答，另一种叫开放式问答。这两种问答法在我们日常生活当中经常使用，比如最简单最常见的一个例子，如果问大家一个问题：今天吃饭了吗？回答无非就是两种，吃了或者没吃。对于表达者而言具有这种答案可控特点的问答方式，就叫封闭式问答。同样像是不是、对不对、好不好、能不能等也都属于封闭式问答。

开放式问答的特点正好与封闭式问答相反，开放式问答的答案对于演讲者来说往往不可控，同样是关于吃饭的问题，如果问大家：今天吃什么了？回答有可能是包子、饺子、面条、米饭……演讲者并不清楚观众到底要回答什么，相对来说难以把控观众的回答。那这两种方式哪一种更适合我们在舞台上跟观众互动呢？我想答案是显而易见的，第一种封闭式问答更容易产生互动效果。

因为对于演讲者来说，封闭式问答答案可控性较强而适用于在舞台上、人多时使用，并且很多演讲者都会采用这种方式。

韩雪在《说出我世界》的节目中，分享她学习英语这个话题的演讲时，开口第一句就问道："我要问在座的各位朋友一个问题，在场学过英语的请举手。"依然采用的是封闭式问答的方法来引出主题并且增强与观众的互动性。

阿里巴巴创始人马云老师在国外的一次演讲中问台下的观众："知道阿里巴巴的请举手。"从而带动下面的观众，引出接下来的演讲主题。

提出一个封闭式问题的引题方式更容易调动观众的积极性，同时我们要注意一点：没有总结的问答是无效的。

比如：与观众分享一个有关旅行的话题，可能会这样问道：大家喜欢旅行吗？答案无非就是两种：喜欢或者不喜欢。如果观众很配合我们，大部分人回答"喜欢"，那太好了。我们可以直接说："我看到大家都很喜欢旅行，我也喜欢，今天我就与大家分享一下旅行带给我们的好处。"但也可能有一部分观众回答"不喜欢"，这个时候我们要怎么回答？回答"我喜欢"吗？肯定不能不顾观众的感受直接说"我喜欢"，否则观众就会觉得：你喜欢就你喜欢，问我干什么？问了我，我说不喜欢，你又不管我。这样观众就会觉得演讲者有些莫名其妙。所以不管观众回答的答案是不是我们想要的，我们都要去总结观众的答案。那如果观众回答"不喜欢"，我们应该怎样回应呢？

我们可以这样说："我看到有很多朋友并不是很喜欢旅行，那么我想大家对生活的理解与追求是不同的，有些朋友认为旅行是走出去，有些朋友认为即使在家里看电视也是一种心灵的旅行。今天我想与大家分享一下我心目中的旅行，旅行是……"所以，如果观众回答的答案不是我们想要的，那就更要在讲主题之前进行总结，既能回应观众又能起到过渡的作用。

当然，在我的培训生涯中，遇到过很多来自不同岗位的同学。有一些政法行业甚至政府部门搞演讲比赛的时候，同学们经常跟我说，我们的比赛要求严肃，提问题不可能有人回答，那这种情况是不是不适合采用提问的方式？

针对这种情况，我想先跟大家强调一点：封闭式提问已经将答案偷偷藏在问题里了。中国台湾地区有一位专门教故事小说课的老师叫许荣哲，他在自己的《故事课》（全集）中提到的正是这句话：封闭式提问已经将答案偷偷藏在问题里了，一旦回答便成功一半。并且封闭式问答有一个很大的优势，在《提问的艺术》中提道：封闭式提问，本身就是一道简单的"是非"题。正是因为封闭式问答有如此的特性，并已经将答案藏在问题里，所以我们往往对简单的问题会下意识地回答。比如，我们来做一个小互动：请问你的体重是多少？大部分人绝对不会张嘴回答我，但大家的心中会立即蹦出那个数字。这就是下意识的反应，因为这个问题的答案太简单，所以我们的答案也会立即从心里蹦出来。

也就是说，无论演讲的场合是否严肃，我们都可以采用提问的

第二章　开场　万事开头难，好的开场是成功演讲的一半

方式，观众听到问题之后，可能嘴上不回答，但心里一定在回答，这就足够了，因为我们的提问已经引发了观众的思考。

值得强调的是，在提问中引发思考也是一种非常重要的互动方式，如果因为客观因素，观众基本不会回答问题也没有关系，只要将问题抛出去，给1～2秒的时间，引发观众对问题的思考即可。

同时，也可以叠加几个问题一起提问，多次引发大家思考。之前我辅导过一位学生，他是在政府部门工作，在他的一篇演讲的开头，我帮助他设置了叠加并且不用观众回答的一系列引发思考的问题。

"首先我想请问大家几个问题：大家知道在下雪的时候第一个拿起工具出去帮助我们清扫道路的人是谁吗？大家知道每天给我们提供美味可口的午餐的人是谁吗？大家知道整洁干净的大楼卫生是由谁在维护吗？"运用这几个叠加问题引发观众的思考，大部分观众几乎答不出来，即使有知道答案的，也不能保证他会当场给出回应。这时回答与不回答都不重要，因为那一刻观众已经在思考问题的答案了，我们要做的只是引发思考就好。

多使用封闭式问题增强观众参与感，让观众感觉到，这个演讲与我有关。同时，一般在舞台上不建议缺少舞台经验的人使用开放式问题，因为我们没有办法预判观众的答案到底是什么，回答不好往往会弄巧成拙。

5. 利用实物引题

有一些演讲者为了更好地增强舞台效果，会采用一些道具来做开场的辅助。

在《像 TED 一样演讲》中，有一个例子令我印象很深刻：比尔·盖茨在一次演讲中，运用的一个吸引人的手法，"他在舞台中间放了一张桌子，然后在桌子上放了一个玻璃瓶，里面放了一个瓶子，瓶子里面放了几只蚊子，然后在现场将蚊子放了出来，这个举动让在场所有的人印象深刻，观众可能记不住比尔·盖茨之后讲的具体内容，但是观众一定记住了他的这个举动"。

几年前有一部电影叫《李茶的姑妈》，里面有一个关于 20 美元的故事被反复使用："在一次讨论会上，一位著名的演说家没讲一句开场白，手里却高举着一张 20 美元的钞票……"这个故事中的 20 美元钞票就是利用实物来引题。

利用实物引题这个当时要因地制宜，因为很多情况下我们的演讲场地不允许，道具没有准备充分而不能使用，甚至有些地方连多媒体设备都没有。所以，如果大家在演讲的时候想使用道具作为开场，请提前跟场地方取得联系，确保我们的方案可以实施，如果场地不允许，立即采用 Plan B。

6. 游戏开场

有一些跟我一样做培训的朋友，非常喜欢在开场的时候通过一些小游戏来激发大家的积极性和参与感。比如，在进行目标管理培训的过程中，我非常喜欢采用"10 秒钟拍手"的小游戏来带动大家。大家可以跟我一起来体会一下这个小游戏。

"我想问大家如果我只给大家 10 秒钟时间，你觉得你最多能拍多少下手呢（此时不要让观众试验，先让他们猜）？"

一般情况下大部分伙伴会猜 20 ~ 30 下。

"现在我给大家计时 10 秒钟，我们尽可能多地拍手，你数数自己拍了多少下。预备开始。"

10 秒后……

"超过自己最一开始预估数量的请举手。"

基本上都能够超过。

"那如果我说，10 秒钟你能拍 100 下你信吗？"

有些人会说信，大部分的伙伴都会说不信。

"那我给大家一个方法，我写 10 个字'我就是演讲高手于木鱼'，下面大家看着这 10 个字，我们不必再数到 100 了。而是看见一个字就拍手，心里数到 10，到 10 了就看下一个字，再在心里数到 10，以此类推看到最后一个字，就是 100 下。现在我们准备好双手，计时开始。"

是不是真的会拍到 100 下？会的，有一部分朋友会在这个游戏中真的 10 秒钟拍到 100 下。但也有些朋友没有拍到 100 下，也基本拍到了 70 下左右或者 80 下左右甚至 90 下左右，这个时候已经开始引发大家的思考了。

"大家还记得最开始你说自己能拍几下吗？那现在不管你有没有拍到 100 下，是不是远远超出了最开始的预期？所以，我们会发现，我们也许有目标，但是目标太过于宏大我们实现起来很困难，需要把目标进行像这 10 个字一样的拆分，变成小目标，一个一个完成，这样就可以达到自己完全意想不到的效果。"

这个培训小游戏就作为课程的开场引题，正式将大家带入了课程当中。

精心设计的游戏作为开场仍然可以帮助我们,达到活跃气氛和引入主题的双重效果。

无论在何种场合,只要是让我们进行发言,无论是有准备还是无准备,从凳子上站起来的那一刻,我们就要开始想开场4步流程。换句话说,我们可以把自己的大脑想象成电脑,按照顺序开始讲我们要说的话,问候、介绍自己、客套话、引出主题。

有很多朋友到这里就产生疑问,"所有的方法都用上是不是会耗费很长时间啊?"我在上面教大家的是很多种方法,这么多的方法在用的时候任选其一使用就可以了,大家要记住开头不是我们要表达的最主要的部分。我们的重点在于接下来的主题,而并非在这里,所以这4个步骤加起来的时间在1分钟左右(我们以5分钟以内的演讲为例)。否则,后面留给主题的时间就太少了。

同时,这个流程是需要反复进行练习之后熟练运用的。当我们熟练掌握这个流程之后,我们边说边想的能力就会提高很多。

好的开始是成功的一半,运用开场4步骤就相当于解决了演讲万事开头难的问题,我相信大家也迈出了通往成功演讲的第一步。成功的关键更在于接下来我们要一起来打磨的演讲主题和逻辑的部分,只有好的内容才能够给观众带来最好的体验。第三章可以说是本书的重中之重,我会用大量的篇幅来讲解如何在演讲当中让我们的表达有逻辑、有条理、有重点。

第二章 开场 万事开头难，好的开场是成功演讲的一半

本章训练 1分钟不同场景开场白训练

到现在为止我们将开场的方法全部讲解完毕。我想认真看书的伙伴一定都迫不及待地想开始训练啦，下面训练开始。

我们利用即兴演讲开场的4个经典步骤，从下面任选一个话题或者主题来进行1分钟左右的开场白。

1. 头脑和身体总有一个要在路上。

2. 你幸福吗？

3. 谁说"90后"不靠谱？

4. 我和我的祖国。

5. 分享你的成功秘诀。

6. 自己选一个喜欢的主题或者话题。

本章答疑 如何做一次精彩的开场白？

这个问题的重点在于"精彩"二字。大家通过学习方法后，都能够进行演讲开场。有些伙伴要求会比较高，希望自己的开场"精彩"。怎样才叫精彩？我想无非就是给人印象深刻或者能够跟观众有好的互动或者能够引来观众的掌声。

如果在准备时间比较充足的情况下，这种精彩是可以达到的，但同时需要设计开场白。

如果我们想让演讲令观众印象深刻，可以采用"利用实物"的方法来进行开场。那具体的实物放在演讲舞台的什么位置比较好？实施效果怎么样？都需要我们设计并且去演练，才能够确保达到印象深刻的效果。

如果想让观众跟我们有互动，那就采用"提问"的开场多引发观众的思考，带动观众，这样就会有很好的开场互动效果。

如果我们希望能够引来观众的掌声，可以采用"游戏"的方式，在游戏过后再进入主题，通常会给人一种"恍然大悟，原来如此"的感觉，这种感觉往往会让观众鼓掌。

如果我们可以准备一些幽默的题材，演讲时有笑点和段子，这样也能够让观众给予掌声。

要想收获一个精彩的开场，要先明确我们的开场想达到什么程度的精彩。确定后，开始设计开场并多次预演，确保不出差错。

第三章

逻辑　5 种即兴演讲中的重要逻辑，让你的演讲有根有据

在开场过后，我们就要进入演讲的正题了，开始进行主题和内容的分享。在演讲当中我们会遇到一些问题。

1. 有些人会觉得自己在演讲的时候没有重点，讲到最后观众也不知道自己到底要说什么。

2. 有些人觉得自己说话杂乱无章，没有顺序，讲着讲着自己也不知道说到哪里了。

3. 有些人觉得自己的说服力不够，自己的演讲总遭到别人的质疑。

4. 还有些人觉得自己不会讲故事，讲故事缺乏感染力，不能够打动别人。

这些都是在演讲中大家急切想解决的一些问题。换句话说，演讲跟平时闲聊天最大的不同点就是要有目的性。为了达到这个目的，我们在演讲时对自己的语言要求会变高，希望自己有重点、有条理、有逻辑、有感染力、有说服力……这些问题我统一把它们称为演讲技巧问题，本章"逻辑篇"会详细讲解，让大家理顺演讲思路，会讲故事，演讲内容论证翔实从而增强演讲的感染力、说服力。

3.1 即兴演讲中的时间顺序逻辑，让你讲明白一个故事

在大家想了解与演讲有关的知识或者技巧前，有一句话大家一定听过：演讲就是讲故事。很多演讲教练、培训师也都屡次告诉我们讲故事是演讲中非常重要的内容，甚至可以毫不夸张地说，讲故事就是演讲的全部。美国沟通专家、艾美奖获得者，也是《像TED一样演讲》的作者卡迈恩·加洛在他2018年出版的《会讲故事才是好演讲》中提到这样一段话：

我一次又一次地发现：不管在哪里，不管我面对的观众是谁，最能引起共鸣的总是最棒的TED演讲者是如何掌握讲故事的技巧的？好故事是如何成为所有伟大沟通者的沟通基础的？通过与观众的交流，我第一次意识到，会讲故事不仅是实现完美TED演讲的关键，它还有一个更大的使命——挖掘潜能。

这段话里至少有3个重要信息传递给要成为演讲高手的你。
1. 最能引起共鸣的TED演讲者也要讲故事。
2. 会讲故事是完美TED演讲的关键。
3. 故事可以挖掘潜能。

那对于刚刚接触演讲或者演讲刚入门的伙伴们来说，如何讲好一个故事就显得尤为重要。我认为要想讲好一个故事实际上是需要分步骤的。

1. 先交代清楚一个故事。

2.这个故事对主题起到怎样的作用。

3.怎样描述这个故事更有感染力。

在刚开始接触演讲的时候,讲清楚一个故事比讲好一个故事更重要。因为观众先是要听懂才有可能被感染,试问一个完全听不懂的故事如何能够感染别人呢?所以这一节我们先从交代清楚一个故事入手,逐步帮助大家来构建自己的演讲框架或者说演讲体系。

在讲故事这件事情上大家通常会被3个问题困扰。

1.觉得自己讲故事啰唆,没什么重点。

2.觉得自己讲的太少,不知道怎么讲才能更精彩。

3.不知道按照怎样的顺序表达,讲着讲着自己就乱了。

这3个问题如果有1个中招了,那先要解决自身的问题,再来进行技巧和方法的训练。

在互联网时代,只要上网搜索,就一定能找到很多关于讲故事的技巧和方法,但大家会发现不管收集了多少方法和技巧,在践行方法的过程当中,仍然可能会出现上面的老问题。

所以,如果不先解决这3个问题,很容易出现这个方法不适合,那个方法也不好用,甚至觉得自己不适合演讲。这3个问题会在后面逐一帮助大家解决并给出适合的解决方案。

在讲故事当中,我认为顺序是第一个要解决的问题,因为有些伙伴连自己讲解故事的顺序都没有搞清楚,更别提有重点和讲得精彩了。那故事当中什么样的顺序需要我们注意呢?

大家想象一下这样的情景。

前一天晚上大家看了一部新上映的电影,情节非常精彩。第二天来到公司，同事会让我们来分享一下新电影的内容。这个时候，我们是很有表达欲望的，因为自己也觉得电影很精彩，于是从头开始介绍电影情节。

本来刚开始讲得挺好的，大家都能听懂。结果讲到一半的时候，突然想起来，前面有一个重要的环节忘记说了。于是又回到前面去补充，然后再讲回来。这个时候但凡我们细心一点儿，就会发觉，同事们已经开始搞不懂情节了，甚至有些着急的还会不断提问。最后，连我们自己也可能乱了，随口给同事们一句："总之，就是很精彩，你们赶紧去看！"

这中间的问题出在哪里了？明明一开始讲得很顺利，但中间一补充，听众怎么就听不懂了？因为电影是自己看过，自己有印象，但是听众没有看过，脑海当中没有任何印象，完全是凭借着我们的描述去脑补。一旦说的人表达的顺序变了，跳来跳去，听众脑海当中的画面就会"崩塌"，所以也就跟不上了。

通过这个情景，给一个启示：观众没有经历过我们的人生，甚至在此之前没有接触过我们讲的故事。如果在讲经历、讲故事的时候不按照一定的顺序讲解，观众听着就会觉得讲得很乱，这个演讲者讲得不好。这也就是我们在表达的时候，大家比较追求的逻辑性、条理性，因为按照某一种顺序表达，就是有条理的体现。

3.1.1 按照"时间轴"进行讲解，是最经典的演讲时间顺序

按照时间顺序表达，是讲故事当中存在最多、最容易掌握也是最重要的表达方式之一。

首先，时间顺序是我们最容易掌握的一种表达，因为我们从小就开始接触时间顺序了。比如，小时候老师让我们写日记，我们都会从起床开始写：

8:00 起床；

8:10 洗漱；

8:30 上学；

……

我们会按照时间点去进行日记的记录，所以从某种程度上来说，时间顺序不用刻意学。

虽然我们小时候就会运用时间顺序写日记，但在演讲的过程中、在讲故事的过程中，大家并没有将时间顺序运用到位。

当然，在演讲当中我们肯定不会用小时候写日记那样的"流水账"体，而更多的是运用时间顺序使我们的表达更加有条理性、逻辑性。

这里要跟大家分享 10 个在演讲表达中常用的时间顺序。

1. 过去……现在……未来

2. 首先……其次……最后

3. 昨天……今天……明天

4. 第一阶段……第二阶段……第三阶段

5. 初期……中期……末期

6. 年初……年中……年末

7. 以前……现在……之后

8. 10 年前……10 年后

9. 毕业前……毕业后

10. 工作前……工作后

实际上时间顺序的例子在我们身边随处可见，比如，余光中的现代诗《乡愁》。

小时候，
乡愁是一枚小小的邮票，
我在这头，
母亲在那头。
长大后，
乡愁是一张窄窄的船票，
我在这头，
新娘在那头。
后来啊，
乡愁是一方矮矮的坟墓，
我在外头，
母亲在里头。
而现在，
乡愁是一湾浅浅的海峡，
我在这头，
大陆在那头。

这里的"小时候……长大后……后来啊……而现在"就是非常

典型的时间顺序。

2005 年，乔布斯在斯坦福大学的经典演讲《求知若饥，虚心若愚》中有这样一段话也采用了时间顺序。

这得从我出生前讲起。我的亲生母亲当时是个研究生，年轻的未婚妈妈，她决定让别人收养我。她坚持认为应该让有大学学历的人收养我，所以我出生时，她就准备让我被一对律师夫妇收养。但是这对夫妻到最后一刻反悔了，他们想收养女孩。所以在等待收养名单上的一对夫妻，我的养父母，在一天半夜里接到一通电话，问他们"有一名意外出生的男孩，你们要认养他吗？"而他们的回答是"当然要"。后来，我的生母发现，我现在的妈妈根本不是大学毕业，我现在的爸爸则连高中毕业也没有。她拒绝在认养文件上做最后签字。直到几个月后，我的养父母同意将来一定会让我上大学，她才转变态度。

17 年后，我上大学了。但是当时我一无所知地选了一所学费几乎跟斯坦福一样贵的大学，我那工人阶级的父母所有积蓄都花在我的学费上。6 个月后，我看不出在这里念书的价值何在。那时候，我不知道这辈子要干什么，也不知道念大学能对我有什么帮助，而且我为了念书，花光了我父母这辈子的所有积蓄，所以我决定休学，相信船到桥头自然直。当时这个决定看来相当可怕，可是现在看来，那是我这辈子做过的好的决定之一。当我休学之后，我再也不用上我没兴趣的必修课，把时间拿去听那些我有兴趣的课。

在这段的节选中，演讲者乔布斯在大的框架上就采取了很明显的时间顺序。

再比如马云在演讲的时候总是喜欢用：阿里巴巴成立之前，阿里巴巴成立之后这样的主线条。

通过这些例子我们不难看出，时间顺序在演讲中几乎无处不在。虽然我们并没有很明显地标记出时间点，但确实在按照时间的轨迹进行表达。这种含有"时间轴"的表达方式就是时间顺序逻辑。

大家一起来思考一下，假设今天我要跟大家分享的话题是"成长"。除了可以用"之前……之后……"这样比较直接的方式来表达时间顺序之外，还有一种比喻的方式也可以表达。

比如：我认为我们的成长就像一棵树一样，要经历几个大阶段。

刚开始我们都是一颗还没有发芽的种子，之后经历扎根、生根、发芽，再到枝繁叶茂。这几个过程长成了树木，这实际上也是我们自己的成长路径……

这种方式的比喻是不是也含有"时间轴"呢？没错，但凡是内含有时间轴的表达方式都是时间顺序逻辑。

既然时间顺序逻辑我们从小就会，并不用刻意地学习，但我们在运用时间顺序逻辑的时候，需要注意时间顺序逻辑的顺序不能改变。

3.1.2 时间顺序逻辑需注意：顺序本身不能改变

在演讲表达当中，内含"时间轴"的表达方式就是采用了时间顺序的方式，并且这种方式的使用率非常高，几乎每一个演讲里面

第三章　逻辑　5种即兴演讲中的重要逻辑，让你的演讲有根有据

都会有时间顺序的影子。如果大家认为知道了"过去……现在……未来"的表达方式就能够讲好一个故事或者做好一次演讲，那就大错特错了，即使是知道了方法，但知道和做到之间还是有差距的。即使我们都知道要按照时间顺序表达，但在真正表达的时候仍然会有顺序上的问题，顺序一旦出现错误，观众一定听不懂我们到底想表达的是什么。

关于时间顺序这里有这样的一个案例。

小张是大连"狮子会"某分社的重要成员，"狮子会"这个慈善公益组织，经常性地组织一些捐赠和义卖活动，让很多人都开始意识到慈善、献爱心的重要性。"狮子会"值得称赞的地方不仅是他们每一位成员有爱心，而且每一位成员都有机会去组织和主持活动、去演讲以介绍狮子会的一些慈善项目。这一次轮到小张进行活动组织和上台发言。这一次的活动对于小张所在的分社来说很重要，因为他们首次打破常规的捐赠图书服务，第一次将募集捐款用于资助大学生上学这个项目上。所以，大家都很重视。小张也希望把这次活动办好，并且能够在最开始的发言中讲好开场词。于是他事先准备了一段演讲发言词。

亲爱的各位师兄、师姐以及到场的各位来宾们，大家下午好。我是来自大连狮子会分社的小张，今天很开心能够在××商城，这样一个地处大连繁华地带的大型商场里与大家一起参与这次义卖活动。我们这次活动所有的款项，都将用于本年度刚高考完即将上大学的困难家庭的大学生身上。这是我们××分社的一次新活动，在

××队长的带领下,我们以前主要以捐赠图书为主。这次是一个突破,虽然这笔资金不能替大学生们解决根本问题,但是我们贡献出自己的一份绵薄之力,将这个活动进行下去,希望大家都尽爱心。我也看到有很多狮友的家属也在活动当中帮忙,给予我们支持。在此谢谢大家,这个活动会很好地进行下去的。

我想先问问大家,当我们读完这段演讲词,有什么样的感受?是不是不知道对方在说什么呢?也不清楚演讲者到底想表达什么?我将这段演讲词以文字的形式呈现出来,本身就帮了小张一个大忙。因为以文字的形式呈现出来,大家如果有看不懂的地方,会反复地读,这样到最后总能明白其中的意思。

让我们换一个角度去分析这段简短的演讲词。既然是一篇演讲词,就是有人在讲演讲词,听众们看不到演讲词,而是通过演讲者的表达去听演讲词。听演讲词和看演讲词最大的区别在于前者是边听边想,后者是边看边想。边听边想属于瞬时记忆,跟边看边想相比,缺少思考的时间。对于需要立马接收信息的听众来说,这段演讲词在顺序上有些凌乱。那么,我们先来分析一下这段演讲词的问题到底出在哪里?

首先来看,小张的演讲词开场部分做得很好,运用了第二章讲解的开场公式。细看正文部分就出现了一些问题。他先说了这次义卖活动的具体内容,再说××分社以前的服务项目,这样观众的注意力一下子被转移了。转移到以前的服务项目上了,后面又讲了这次是什么活动,接着讲了这次活动的初衷,说到这里大家有没有发现顺序上的问题呢?那如果我们将顺序调整,并且将部分语言精练,我们再来看看。

下面是我帮助小张调整过的演讲词。

亲爱的各位师兄,师姐以及到场的各位来宾们,大家下午好。我是来自大连狮子会××分社的小张,今天很开心能够在××商城,这样一个地处大连繁华地带的大型商场里与大家一起参与这次义卖活动。那么,首先让我简单介绍一下我们分社的服务项目。之前,我们常年都在做募集以及捐赠图书的服务项目。但是,我们不仅坚持我们的图书项目,并且在××队长的带领下,组织策划了新的服务项目——本次义卖活动。值得一提的是,本次义卖活动的所有资金将毫无保留地捐赠给家庭困难的准大学生们作为他们上大学的部分费用支出。同时,我也看到今天有很多狮友的家属在活动当中帮助我们,并且还有其他并不相识的爱心人士也参与到活动当中来。在这里我感谢大家的支持,我们的每一分绵薄之力都是对慈善的莫大援助。感谢在场的每一位朋友们。谢谢大家。

顺序调整之后,我们很明显可以感觉到小张在表达的过程中是遵循某一个时间轴来进行的:之前,这一次,强调(值得一提)。这样的表达能够让观众很明确地知道演讲者在讲什么,也将本次活动的初衷表达得很清楚。

所以在使用时间顺序进行演讲的过程中,时间顺序不能改变,一定要按照事情发生的时间轴来进行讲解，这样才能够保证观众听懂你的故事。

在我们明确知道时间顺序逻辑最需要注意的就是顺序问题之后，有很多人都希望把自己的故事讲解得生动形象，如何更好地描述故事，让观众能够身临其境？这就需要演讲者用语言来调动观众的感官。

3.1.3 故事缺乏感染力？感知到就能表达出来

运用时间顺序逻辑让观众听懂我们的故事，这只是演讲故事表达中的第一步。如果能让观众感受到我们的表达有感染力、生动、形象，那么观众更喜欢我们的故事，从而对我们的演讲印象深刻。

这就要求我们学会描述，用嘴巴进行描述。通过我们的描述，让完全没有见过这个场景的观众，自行脑补出这个图、这个画面、这个场景。让他们感觉好似自己身临其境。这时候我们就要带动观众的感官——五感：视觉、听觉、嗅觉、味觉、触觉。那么，如何进行描述来带动观众的五感呢？

别着急，先来回想一个场景。大家都看过电影吧！有没有看过稍微惊悚一些、恐怖一些的电影？那这种类型的电影除了故事情节让我们觉得很吓人之外，还有什么让我们觉得很恐怖？画面和声音。

一般情况下恐怖片的色调都是暗色系的，偶尔出现亮一些的颜色也是让人觉得不舒服的比如血红、荧光绿等，这些颜色都让大家觉得很刺眼，这是在刺激我们的视觉感官。

在声音方面，电影一般会采取"砰"很爆炸性的声音吓人一跳，或者将声音描述得很细致，回想一下拉长音的开门声，或者走廊里高跟鞋走路的声音。这些都是在刺激我们的听觉感官。

也就是说，电影在用拍摄的手法来影响我们的感官，让我们有一种身临其境的感觉。演讲也是相似的道理，这就要求演讲者通过我们语言的描述来影响观众的感官。

不过，我们会发现演讲和电影有很大的区别，电影是看得到惊悚的画面，听得到变化的声音的。但这些演讲都没办法满足，难道就没有办法了吗？当然有，有一种手法跟演讲很像，甚至比演讲还要难一些，因为演讲还能够看得到演讲者的演绎，听得到演讲者的声音，但这种方式既听不到声音也看不见画面，却仍然还能够让受众身临其境，这是什么手法呢？——写作。特别是虚构类、推理类小说，所有人都看不到小说当中构建的场景，但是作者通过文字的描绘，让我们自行脑补出了这样一幅图，而且每个人的图不尽相同，每个人的理解也是不同的。这也是小说被拍成电影或者电视剧之后褒贬不一的原因，因为看过小说的人所构建的图跟导演理解并拍摄出来的图和场景是不一样的。那么小说是怎样调动我们的感觉的呢？下面我们一起来欣赏一段小说中的描述吧。

穿着制服的警察在大楼前拉起警戒线阻挡看热闹的人。笹垣钻过警戒线，一个警察用威吓的眼神看他，他指了指胸口，表明警徽在这里。那个警察明白了他的手势，向他行注目礼。

大楼有个类似玄关的地方，原本的设计也许是装设玻璃大门，但目前只用美耐板和角材挡住。美耐板有一部分被掀开了，以便进入。

　　向看守的警察打过招呼后,笹垣走进大楼。不出所料,里面十分幽暗,空气里飘荡着霉味与灰尘混杂的气味。他站住不动,直到眼睛适应了黑暗。不知从何处传来了谈话声。

　　过了一会儿,逐渐可以辨识四周景象了,笹垣这才明白自己站在原本应该是等候电梯的穿堂,因为右边有两部并排的电梯,门前堆着建材和电机零件。

　　正面是墙,不过开了一个四方形的洞,洞的另一边暗不见物,也许是原本建筑规划中的停车场。

　　左边有个房间,安装了粗糙的胶合板门,感觉像是临时充数的,上面用粉笔潦草地写着"禁止进入",大概是建筑工人所为。

　　门开了,走出两个男人,是同组的刑警。他们看到笹垣便停下脚步。

　　这一段是东野圭吾的推理小说《白夜行》中的一个片段。

　　我们在看这段小说节选的时候,在脑海当中有没有浮现小说中所描绘的场景?我想一定有。那么你觉得这段文字带动了你的哪些感官呢?是视觉、听觉、嗅觉。如果你也这么想那就好极了。那么人有哪些感官呢?是视、听、嗅、味、触。我们在描述一件事情或者经历的时候,如果你能带动观众的五感,就能让观众身临其境。

　　这里列举一下用语言进行描述五感的方法。

　　视觉:可以从颜色、大小、形状这几方面进行。

　　听觉:拟声词,比如:水滴的声音——滴答滴答;打乒乓球的声音——乒乒乓乓；敲门声——咚咚咚……除了拟声词以外还有对话。

嗅觉：香味、臭味、酸味……

同时还可以进行类比描述，能够让我们有更加具体的感知：比如我们要描述一个面包很香，光有香字程度还不够，我们就可以描述是什么样的香——奶香、麦香、水果香……

味觉：酸、甜、苦、辣、咸……

触觉：冷的、热的、软的、硬的……

还可以进行程度上的细致描述：如果说这个东西很凉，大家可能不会有太深刻的感觉。如果说这个东西冰凉，意思是就像冰一样凉，这样描述大家就很有感觉了，知道程度了。

通过五感的学习，大家简单的理解就是讲故事加上一些细节描述，在保证故事顺序的前提下，给故事加上些色彩，这样就会让观众感到生动、形象。这样对于我们而言，讲好一个故事就没有那么难了。

3.1.4 本节练习

请完成下列描述练习的任意一项。

1. 请尝试运用五感描述法，描述一次你很危险的经历。（可以是惊心动魄的一次个人经历，也可以是令人惊心动魄的一部电影或者电视剧等。）

2. 请尝试运用五感描述法，描述一次你觉得很兴奋或者很开心的事。

3. 请尝试运用五感描述法，描述一件令你印象深刻的事情。

如果情况允许的话，最好在练习以上题目的时候邀请你的家人或者朋友作为听众。讲给他们听，让他们听过之后谈谈自己的真实感受，能不能在脑海当中浮现出你所描绘的场景。

如果是自己来进行这项练习，请拿出录音笔或者手机，录制整个说话过程，然后当作听众一样去听，看看自己能不能在脑海中勾勒出这个场景。

3.2 即兴演讲中的结构顺序逻辑，让你的表达有标签

如果说时间顺序逻辑是即兴演讲中讲故事的重要基础，那结构顺序逻辑就是让我们的表达变得有层次感的方式之一。在正式分享结构顺序逻辑的使用框架之前，我们先来了解一下，大家在学习即兴演讲的时候比较关心的话题：条理性与逻辑性。

我们在表达的时候都希望自己有条理、有逻辑，那么什么是条理性？什么是逻辑性？条理性和逻辑性是一回事吗？

3.2.1 条理性 VS 逻辑性

如果按照严格意义去区分，两者肯定有不同之处，我们先来看看什么是条理性。

简单来说，把事情按照"条"来分就是有条理性。

有些伙伴在进行表达的时候没有按照一定顺序进行表达，不知道哪些先说、哪些后说。我们会觉得这样的表达方式杂乱无章，听

得不够清晰。这样的表达就是缺少条理性。

什么是逻辑性？

逻辑也可以称为逻辑思维，这样一解释，我们已经看到了条理和逻辑的区别。条理只是一种方式，逻辑则是思维层面的事情。逻辑思维是个比较深入的概念，我发现翻开任何一本有关逻辑的书籍都会提到归纳和演绎。也就是说，逻辑本身至少包含归纳梳理和演绎推理两个层面。北京大学逻辑学研究者孟剑云老师在《你跟我讲道理，我跟你讲逻辑》中对逻辑思维的介绍很详细，我还为孟老师的这本书写过一篇长书评。大家如果对逻辑感兴趣，可以先去我的微信公众号"于木鱼"看一下书评，对逻辑有个初步了解，再通过书籍深入思考。

虽然条理性和逻辑性本就有区别，但我更愿意把条理性和逻辑性看作一种包含关系，因为这两者在使用方法上是相互叠加使用的。

比如无论我们是在运用归纳还是演绎的时候，都喜欢列出"条"来梳理自己的思路或者讲解给他人听：第一点、第二点、第三点……

因为这两者往往同时出现，所以我们又习惯性地将条理性和逻辑性放到一起来说。

所以，本章介绍的这几种顺序逻辑方式更多的是条理性与逻辑性的结合使用方法，重要的是能够在演讲当中帮助我们更好地分享内容。

结构顺序逻辑与高频使用的时间顺序逻辑相比，更多地体现了表达的框架性。给整个演讲穿上一件好看的外衣，让观众对演讲者所说的话更加有记忆点。

3.2.2 结构顺序逻辑的基本特点——并列

在简单了解条理性和逻辑性之后，我们来看表达中比较常用的第二种逻辑顺序方式——结构顺序逻辑，顾名思义，就是按照某种结构来进行表达。结构顺序逻辑通常有并列和递进两种形式。

我们在表达自己的主题时，有时会运用到多个分论点来证明主题是对的。

要想减肥成功就要做到这两点：管住嘴，迈开腿。

要想学好英语就要做到这三点：掌握必要的词汇，有一个好的学习氛围，勤加练习。

要想达成公司业绩目标，必须同时做到这两点：内部团结，外部拓展。如果没办法达成，业绩目标也很难达成。

以上3个例子，每个分点之间是相互并列存在的，每个分点都要做到才能达到效果。

3.2.3 结构顺序逻辑的基本特点——递进

在我们的演讲分论点中有层层递进关系，我们就叫作递进。

之前《超级演说家》中陈铭有一篇演讲叫作《女人是最佳辩手》，就运用了递进逻辑。

我在辩论的赛场上拿过世界冠军，拿过全程最佳辩手，也算得上是小有收获。但是有一件事情真的非常丢人，在这里我必须要向在座的所有人坦白：就是在生活的辩场上，有那么一个人，我从来都没有赢过,那个人就是我的老婆。所以不知道在座的各位会怎么想,至少我本人是发自内心地赞同一句话:"女人永远是最佳辩手。"

但是,凡事总有原因。为什么呢?后来我开始琢磨,我找到了第一层原因,男人总是输,那是因为男人总是讲道理。我有一个饱经沧桑和血泪的小小忠告,告诉在座所有的男士,就是当你面对女人的时候,你永远不要试图讲道理。因为她们会坚信你解释就是掩饰,掩饰就是欺骗的开始。

我老婆有一次看中了一款包,她就把我拉过去说她想买。大家都知道女人喜欢的包就只有两个特点,第一是美,第二是贵。当然女人会比较关注前者,而男人只关注后者。所以我老婆一直在看那个包的时候,我也一直在看那个包的价签。我在数个十百千……数着数着我就崩溃了,赶紧背着导购把她拉到一边。

我得说服她,我说:"老婆你知道咱们中华民族最美的传统美德是什么吗?是勤俭节约呀。你知道当今中国经济最欠缺的精神是什么吗?是支持国货呀。你看看这个包的价格,你知道它的成本只有多少吗?你知道它的利润翻了多少倍吗?你冷静一下,你跟我一起深呼吸。你想想看,我们家庭现在的经济情况,我们的收入状况。你现在买这么一个包,是理性吗?是负责吗?是现在我们应该有的选择吗?你这么漂亮的一位女士拎着这么一个包走在路上,多遭贼惦记呀。你拎着这么一个包去单位,多遭人妒忌呀。你考虑过单位和谐吗?你考虑过人际关系吗?你考虑过你办公室大妈的感受吗?"

我当时上到民族情怀、消费理念,下到买这个包的性价比、收现比、收益比、风险比、收支情况对比，一一例举。我慷慨激昂、鞭辟入里，我都快为自己的沉稳和理性征服了。

然后，她只是看着我，眨巴着她的大眼睛，然后问我："是你的那些道理重要，还是我重要。傻了吧，你说呀、说呀、说呀、说呀。你的那些叽叽咕咕、滴滴答答的臭道理、烂道理，都比我重要一千倍、一万倍对不对；在你心里，我根本就不重要对不对；你已经不爱我了对不对；你之前要娶我的时候，说的那些'你爱我'，都是骗人的对不对？"真的，当时她的眼泪已经快要飙出来了。

各位，在座的各位，你说这个时候你除了宣布她是最佳辩手，并且掏出银行卡给她"颁奖"之外，还有任何其他的选择吗？

这是我总结的第一层原因。然后我再往下深入思考一层，我发现了事情的真相，为什么女人永远是最佳辩手，是因为女人根本就不是辩手啊，她们是评委啊。她们是在你们感情生活中判断对错输赢，选择最佳辩手的评委和导师啊。很多时候如果你们和自己的老婆发生了争执，当你们看向身边爱人的时候，有没有一种看着导师，甚至是看着导演的感觉？当然，对于我本人来讲，我作为一个辩手，还有比发现对方辩友其实是评委更深的悲哀吗？

就在这一份浓得不能再浓的悲哀当中，突然有一个全新的观点，让我一下子灵台透亮、豁然开朗。大家想一想，作为一个男人，咱们输，输掉了一生的比赛。可是咱们赢，赢得了什么呢？那是一颗可爱的、俏皮的、甚至有一点点蛮横的，但是从不遮掩、从不伪装的少女心啊！这个世界上还有什么比一颗愿意陪伴你到终老的真诚的少女心更宝贵的东西呢？所以在人生的辩场上，女人永远是最佳辩手，男人总是输，女人总是赢。

我总结一下陈铭的这篇演讲，一共就两个观点，并且是递进关系：第一点，女人是最佳辩手；第二点，女人不仅是辩手还是评委。这种在演讲中层层递进的分享，更能给我们冲击力。

在演讲时，但凡我们需要分点来进行讲解的一般都属于结构顺序逻辑，形式无非就是并列和递进这两种。同时，条理性在结构顺序逻辑当中体现得尤为突出，因为我们可以采用第一、第二、第三等数字的方式，数字和分论点之间往往是一同出现的。所以，在前文中提到，条理性和逻辑性往往是同时出现，一起使用的。

最后强调一点，使用结构顺序逻辑的时候，每一个分论点不要太长，能短则短。比如：今天我要跟大家分享关于孝顺的话题，第一点：孝；第二点：顺。这两个分论点分别只有一个字，这样观众记忆起来会没有压力，因为太长了观众就不想记了，分论点要尽量短一些。

3.3 即兴演讲中的重要性顺序逻辑，让你的表达有重点

在学习即兴演讲的过程中，有一个高频问题一直困扰着很多人，即表达没重点。讲了一大通，听众一脸茫然地看着你，不知道演讲者到底要讲什么，甚至有的时候我们激情澎湃地表达一件事情，别人却听出了另外的意思。

我们的表达出现了什么问题会让别人抓不到重点？怎样表达才

能够让观众快速抓住重点呢？下面我来带大家走进"重点"的世界。

3.3.1 重要的事情是提前说还是最后说？

首先我们先来做一个小思考吧。

这里有两个词：经验、经历。

问大家一个问题，这两个词有没有联系？我想大家都能回答上来，这两个词当然有联系。那先有谁后有谁呢？在生活当中，一定是我们先经历了这件事情，然后总结出来关于这件事情的经验。所以，我们在与他人沟通的时候，也是按照先讲经历再讲经验的方式来进行的。如果是这样，我们很有可能让别人觉得说话没重点。我们来举个例子，跟大家分享一个我的经历：

我曾是一名退伍军人，当年临近退伍的时候，我们几个关系非常好的战友坐在一起商量着退伍之后的事情。大家最后确定了一个不成文的约定：如果以后谁有能力了，一定要开一家咖啡馆，这样来自五湖四海的战友都可以相聚在这个咖啡馆里，也算是有了一个"大本营"。随后，没几天我们就退伍了，各自回到了家乡。

那个时候我选择了服从国家分配工作（我们当兵时是可以选择自己自主就业还是服从国家分配工作的）。所以，我有8个月的待业时间。我的性格有一个特点——闲不住，所以我不经常在家里待着，基本上每天都会出门溜达。

有一天我路过了一家咖啡店，看见门上写着"招聘服务生"，我就想反正闲着也是闲着就进去应聘，没想到一下子就成功了。第二天我就去上班了。兼职了几天之后,我就想:不能只做个端盘子的服务员,我得学会做咖啡。所以我就跟店长说了想法,店长表示不同意,他认为兼职不能学做咖啡,不希望兼职服务员有一天不在咖啡店里工作了,却把做咖啡技术带走了。但我这个人还有一个特点——想到什么就一定会去做。既然店长不同意,那我就从咖啡师身上入手,总之,我一定要学会做咖啡。我那时候很勤快,不仅做好我自己的工作,而且我还帮着咖啡师清理咖啡机的残渣,收拾卫生什么的。帮助了他几天之后,他问我:"你是不是想学做咖啡?"我说:"是。"他说:"这样,每天店长下班之后我教你。"从那天开始,每天下午5点店长下班了,我就开始学习做咖啡。我学习得也比较快,差不多两个月的时间我就把当时店里所有的咖啡制作方法都学会了。渐渐地,我发现了这样一个现象:每当店里不忙的时候,咖啡师和店长就在旁边聊天,所有接待客人、点餐、收银、做咖啡、服务客人的活儿全部我一个人干,我倒是没觉得吃亏,反而觉得非常开心,因为这是他们对我工作的认可。在咖啡店大约干了半年,国家分配的工作很快要去报到,我申请辞职。这时店长挽留我说:"你要不要考虑一下做长期兼职?就是你休息的时候再过来干?"我说:"那算了吧店长,我的新工作还有很多地方需要适应。"于是委婉地拒绝了店长。

这段经历讲完了,我想问大家一个问题,你们觉得我通过这段经历想表达什么意思?也就是说,我想让你们通过这个故事知道一个什么道理?或者说想让大家获得一个什么信息?

这个故事我在课堂上试验过很多次，大概有这么几个回答。

1. 凡事都要坚持；
2. 遇到困难要灵活变通；
3. 学会了做咖啡；
4. 做咖啡的心路历程；
5. 我也不知道要讲的是什么；

……

先不说我真正想要传达的意思是什么，我们单来看这些答案，会发现一件有趣的事。大家看了同一个作者的同一本书并且是同一章节的同一个故事，但是不同的人看过后，获得的信息并不相同。明明是同一个故事，为什么会不同？

那是因为这段经历很长，有很多可以让人思考的中心点，并且我并没有明确指出我想让大家知道哪一个中心点。所以大家就会根据自己的理解去分析。一旦听众根据自己的理解去总结、去分析，就有可能会衍生出很多个答案，而且这些答案很可能跟演讲者所要表达的中心点完全不一样。那么我刚才表达了这么多就一点儿作用也没有，因为没有让观众跟我想的一样，观众没有认同我，我们之间没有产生共鸣。甚至有些观众不知道我到底讲这个故事的目的。这样的表达是不是似曾相识？我们在分享的时候，经常会遇到类似的情况，可能我们分享了一个情节精彩的故事，但是观众听不出我们到底要表达什么或者听出了跟我们想表达的完全不同的含义。如果是这样，那这样的演讲就是缺乏重点，没有突出重点，换句残忍的话说，这样的演讲是失败的。

那上面一大段故事，作为表达者的我，到底想告诉大家什么呢？现在给大家揭秘，我想在这个故事中表达的中心思想是：我是一个信守承诺的人。

这个"经历－经验"的小思考，我在面授课程中屡试不爽。每次我给大家揭秘的时候，大家都非常惊讶，有很多人没听出来，也有很多人表示没想到，甚至有一些人表示不可能。

这样看来，先讲经历再讲经验的表达方式容易产生误解，得不到演讲者想要的答案，那怎样的表达比较好呢？能够达到目的呢？

可以先讲经验再讲经历，也就是先交代你的观点，再进行论证。这种方式在芭芭拉·明托的《金字塔原理》这本书里被称作"金字塔"的表达方式，在沟通当中我们叫作"利他原则"，将对方最关心的事情提前告诉他。我们也称作重要性顺序逻辑，简单来讲就是重要的事情要提前说。

如果按照重要性顺序逻辑来变换一下思路，我会一开始就告诉大家"我是一个信守承诺的人"这个结论，然后再加上刚才的故事。这个时候效果就会完全不一样，听众就会自动筛选与"信守承诺"有关的信息。这样观众就会认为后来我学习做咖啡的经历都是为了履行"不成文约定"的具体实践行动，也会认同我，认为我确实是个"信守承诺的人"。

在生活中，这样的例子很常见，比如，我们有时候工作、生活不顺心，会向别人倾诉、抱怨最近所发生的事情，其实我们内心是想获得对方的同情或者关怀。但有的时候被倾诉者却无法理解我们，而且在听完我们的倾诉后还会有截然不同的想法。如果发生这样的情况，我们不能去怪罪听众，因为每个人会根据自己的思考和理解总结出想法，并且这个想法往往并不是表达者想要的。所以，当我们表达的时候，请直接将想法提到前面来说，然后再用经历、故事等方法证明我们的想法和观点。

说到这里，有人会有疑问，那在最后说不可以吗？如果有这样的疑问，你一定是一个爱思考的人。我们看到的 TED 演讲中，就经常有人先讲一大段故事再讲结论。

针对这个问题，如果我们是写文章，先有故事再有结论，这样也是可以的。因为人们在阅读的时候，如果这一段看不懂，会尝试着再读一遍，那么读第二遍、第三遍甚至是第四遍之后，他们说不定就会理解。

但是，演讲是不同于阅读的。人在听到和读到脑海中所接收的信息的方式是不一样的，文章可以反复读、反复思考，但是演讲不一样，我们要通过语言传播，要很快速地让听众觉得我们说的是对的，这时听众思考的时间是很少的。如果听众没听出重点或者不知道哪一个是重点，就很难接收到信息。所以，要从一开始就把最重要的中心思想告诉听众，让听众第一时间接收到有效的信息，引导着听众的思路，一步步推进，这是演讲当中突出主题的重要手法。我也建议大家采取先结论后论证的方式来进行演讲。

难道先讲一段经历或故事一定不能用吗？当然也不是绝对的，刚才提到 TED 演讲经常采用先讲故事的方法，并且细心的同学可能会对开场的部分产生疑问，引出主题不就包括讲故事的方法吗？根据重要性顺序逻辑，在引出主题的时候先讲故事的方法是不是错了？讲故事岂不是又放在前面了？

如果大家一定要在刚开始就用一个故事作为引入，当然可以。但有一个要求："故事要尽量简洁，并且重要的是只能让观众听出一个重点，而不是多个重点。"也就是说，在引出主题阶段，要讲故事是有条件的——短并且只能让观众听出一个中心思想，就是你的主题。

如果我们是刚刚接触演讲不久的演讲新手，还不知道如何讲一个相对长的故事并且做到只能让观众听出一个中心思想，建议在引题方法上暂时不要选择讲故事，可以选其他方式，在"开场篇"给大家介绍了6种引题方法，除了讲故事还有5种，总有一种适合大家。引题过后建议直接采用重要性顺序逻辑将主题抛出来，直接告诉观众，这种方式更能够起到突出重点的好效果。

有重点的演讲往往更容易被别人记住，因为演讲全程都在围绕重点展开。那么根据重点确立怎样的主题更能吸引观众呢？首先我们要厘清概念，很多人分不清楚话题、主题、标题，如果演讲者都分不清楚又怎能要求观众听得清晰，记得清楚呢？

3.3.2 话题、主题、标题傻傻分不清楚

既然重要的事情要让观众先知道，要提前说，那在演讲当中最重要的无非就是演讲主题。

有些人经常将话题当作主题，虽然使用了重要性顺序逻辑，但没有起到让观众明白主题的作用。话题、主题、标题到底是什么？又有什么区别？我们在即兴演讲中要使用哪一种比较好呢？

1. 话题是一种范围

比如：今天我跟大家分享一下"读书"；今天我跟大家分享一下"旅行"；今天我跟大家分享一下"人生"。这些都属于话题。因为不论是读书、旅行还是人生，我们都可以从多个角度进行讲解，但观众不能在第一时间就知道演讲者想要表达的观点是什么。

2. 主题是演讲者个人的明确观点

比如：我认为读书可以改变人生；我跟大家分享一下减肥的2大秘诀——管住嘴、迈开腿；我觉得人生就是一场马拉松，坚持最重要；我觉得旅行不仅仅是腿在路上，而更应该是心在路上。

这种就是具有明显的个人观点，让观众一听就知道演讲者要讲的是什么。

3. 标题美化了的主题

比如：演讲者分享读书——因为书，所以赢；分享旅行——世界那么大，我想去看看；分享人生——别让手机做了你人生的第三者。

标题的特点是既包含主题的观点性，同时又很有意境，让人觉得很出彩。

建议大家在演讲的时候，如果有充足的时间准备，想出标题是最好的。但往往有些时候我们会遇到即兴演讲，来不及准备，或者即使时间充裕也想不出好的标题，那就直接使用主题。但不建议使用话题的句子，因为观众还要去寻找我们到底要表达这一话题中的哪一个观点。就像我们上一节讲到的，如果让观众寻找，那结果可能就跟我们想的不一样了。

所以，最好用标题和主题作为我们最核心的演讲中心思想。

到目前为止，我们学习了 3 种顺序逻辑，清晰了讲故事、演讲结构以及演讲最重要的事情。接下来，我们需要将学到的知识进行组合，形成一个能够在大部分场合使用的表达框架。

3.3.3 一个百搭框架，帮你解决 80% 的演讲场合

本章前三节我与大家分享了即兴演讲中经常使用到的时间顺序逻辑、结构顺序逻辑、重要性顺序逻辑。我们运用这三种顺序逻辑构成一个百搭演讲框架，更方便演讲者在大部分场合进行即兴或非即兴的演讲。为了帮助大家去记忆，我将它们归纳总结形成了一个公式：

一心、二用、三收。

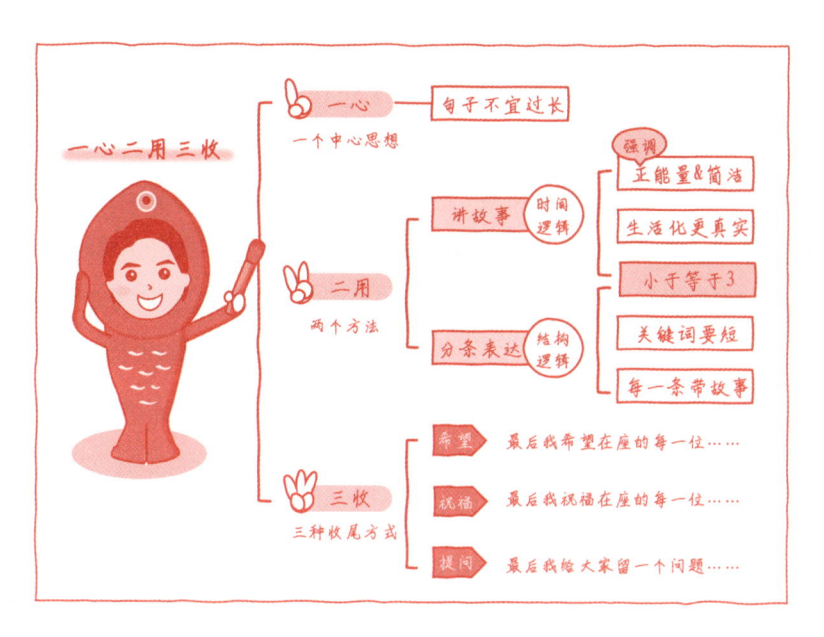

以下我们以 5 分钟即兴演讲为例来进行讲解。

1. 一心：一个中心思想——重要性逻辑

要求一句话概括中心思想，句子不宜过长，太长的主题句，观众没办法记住。

2. 二用：两个方法

1. 讲故事（时间逻辑）

（1）数量：小于等于 3、神奇的数字 3；

（2）强调正能量以及简洁；

（3）生活化，更真实。

2. 分条表达（结构逻辑）

（1）关键词：短；

（2）数量：小于等于 3；

（3）每一条带故事。

3. 三收：结尾的三种收尾方式

中国有句俗话说得好："编筐编篓贵在收口。"在演讲当中虽然结尾不是主要的内容，但是如果开了一个好头，并且内容很丰富，却匆匆收尾，难免会有一点可惜。这个时候结尾尽量不要仅仅只扣主题。比如我的主题是"努力就能成功"，大家完成演讲主要内容之后，经常会采用"所以，努力就能成功"这种方式来结尾。这样的结尾只能说是勉强可以，仅仅只是扣题了。但是观众会有一种没听完的感觉。所以在结尾处不仅仅要扣题，还要给观众提示，提示演讲已经进入尾声了。我们还可以将结尾升华，让结尾带给观众一种美好期望。比如我们可以用这样的方法。

1. 希望

"最后我希望在座的每一位都可以收获美好的人生……"

2. 祝福

"最后我祝福在座的每一位……"

3. 提问

"最后，我想给大家留一个问题，请问我们自己究竟想要什么样的人生？是后悔的人生还是永不后悔的一生呢？"

如果我们在结尾处给观众一种期望、给观众设问题，就会再次调动观众。这就像我们看电影一样，电影的最后要想让观众记忆更深刻，要么给观众带来好的结果，要么就是根本不给观众结果让观众自己去遐想。这个道理演讲和电影是相通的。

通过本节的学习我们组合了三种顺序逻辑，形成了一个百搭的演讲框架。当然，演讲框架肯定不止一个，在下面两个小节，我还会为大家介绍两种除"一心、二用、三收"之外的常用模型。

3.4 演讲中的归纳思维，让你讲清楚说明白

上面我们学习了时间顺序逻辑、结构顺序逻辑、重要性顺序逻辑以及演讲当中的百搭公式：一心、二用、三收。这两节跟大家分享一些"真逻辑"。难道之前学的都是假逻辑？当然不是。逻辑的类型分为很多种，之前学习的顺序逻辑主要是使用技巧，而归纳和演绎是思维方式，从本质上来说确实有一些区别。但对于演讲来说，大家记住有用的思维方式和使用技巧就可以了。如果想深入了解思

维，建议大家读《你对我讲道理，我对你讲逻辑》这本书，在本书里我更注重思维、逻辑在演讲当中的应用。

3.4.1 找不到核心主题？利用归纳思维击中演讲主题

在重要性顺序逻辑这一篇，提到重要的事情提前说，要将主题句放到前面先告诉观众，起到"先入为主"的作用。但有些人会有这样的疑问，在准备演讲的时候，自己的故事案例素材是充足的，但是不知道自己想表达一个怎样的主题，只能先把故事案例抛出去让观众去寻找。

自己不知道要表达怎样的主题，而让观众去自己"寻找"，这在演讲当中是一件很可怕的事情。在《魔力公众演讲》这本书中提道："演讲中的每一个观点都要花 10 分钟左右的时间来阐述。要记住，如果演讲传递的信息太多，那么听众反而什么都记不住。"所以，演讲一定要有具体的目的性，可以说没有目的的演讲都是在浪费大家的时间，是一场不合格的演讲。

强调重要的一点，演讲必有目的。如果在准备阶段有素材但是缺少主题思路怎么办？可以利用归纳思维从内容当中归纳出主题。

归纳思维为由一系列具体的事实概括出一般原理的过程。利用归纳思维确立主题的步骤有以下几点。

1. 准备好素材

将故事和案例事先准备好，然后统一看一遍。

2. 分析出经验句

在前面我们提到了，通过一个长故事可能会有很多个经验句子出现。那我们可以边看素材，边将自己理解的经验句记录在纸上。

3. 在经验句中筛选主题句

在记录众多的经验句当中寻找出现频率最高的经验句作为整篇演讲的主题句，或者选一句最想跟观众分享的作为主题句。

确立好主题句之后就可以按照重要性顺序逻辑的方式来进行演讲分享了。所以，当我们没有主题思路的时候，不妨运用归纳逻辑，将现有素材整合分析，得出一个最想表达的主题。

归纳思维除了可以总结出主题之外，大家还可以利用归纳思维引导观众一起走进演讲，让观众自行推理出演讲者想要传达的结论。

3.4.2 利用归纳论证思维，引导观众一起进行简单推理

归纳论证在生活当中非常常见，可以说是无处不在。以我为例，我是辽宁大连人，所以很多朋友就会自动把我归类到东北人的大行列。

有时候南方的朋友们得知我是大连人之后，会自然地说：怪不得这么高啊！东北人都高啊！东北人都很有趣呀！……

这些结论都是怎么来的呢？实际上就是运用了我们的归纳论证思维。因为我们看到了：

一个东北人高；两个东北人高；三个东北人高……就会自动总结出来一个结论：哇，东北人都高啊！

一个东北人有趣；两个东北人有趣；三个东北人有趣……总结出东北人都很有趣呀！

这就是我们的归纳论证思维，我们通过一个现象、两个现象、三个现象，会自动总结出一个结论。

在演讲当中也是如此，如果是8～10分钟的演讲，演讲者需要用2～3个故事来证明自己的演讲主题是对的，让观众自动运用自己的归纳论证思维得出跟演讲者相符合的结论。

比如今天分享的主题是：努力就能成功。

但在现实生活中，努力一定能成功吗？不一定。

所以，我们要用2～3个努力就能成功的小故事来证明这个主题说的是对的。

第一个故事：马云是如何通过努力获得成功的例子。

第二个故事：俞敏洪是如何通过努力获得成功的例子。

第三个故事：自己是如何通过努力获得学英语成功的例子。

观众在听完这三个故事之后，就会自动总结出来一个结论，原来努力可以成功。

演讲者在演讲的过程中是一步步引导观众得出一个跟自己一样的结论，让观众更加认可演讲者表达的内容。引导观众自行总结出一个结论，远远比演讲者强行灌输给观众更加能获得观众的认可。

同时，我们还可以用归纳逻辑的思维模型来解释清楚深入浅出的问题。

3.4.3 2W1H归纳模型，让你将复杂的表达简单化

小林是平安成都分公司的销售总监，他想更好地跟客户宣传公司最新推出的"互联网保险"业务，但跟客户讲了很多次，客户还是听不懂到底是什么意思。

小林："您好，王总，我们新上线了一款在线购买保险的业

第三章 逻辑 5种即兴演讲中的重要逻辑,让你的演讲有根有据

务,您是我们的老客户就直接推荐给您,非常方便,在线就可以操作……"

客户:"你来给我办理就好了,我不会操作。"

……

这次的新软件推广就失败了。

这种情况在工作中很常见。如何能够把一个新产品推广出去,讲解表达的方式很重要。

我们在表达的过程中,都非常希望自己有把一件复杂的事情简单化的能力,毕竟"化繁为简"也是表达中很重要的一点。特别是当我们有一个行业内部的专业术语或者用词,需要解释给外行人听时,专业人士的解释通常会让外行人听得云里雾里。主要原因是不知道外行人所关心的是什么,我们通常自顾自地说自己的部分。专业人士要从外行人的角度出发来解释一个行业内部比较专业的词语或者是产品,这就需要用到归纳模型当中的一个公式——2W1H。

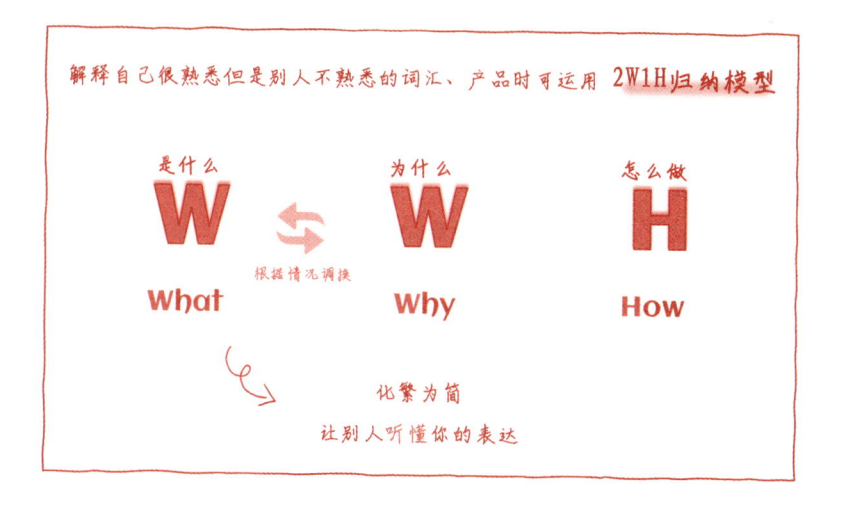

解释自己很熟悉但是别人不熟悉的词汇、产品时可运用 2W1H归纳模型

是什么	为什么	怎么做
W	**W**	**H**
What	Why	How

根据情况调换

化繁为简
让别人听懂你的表达

What：是什么。

Why：为什么。

How：怎么做。

需要强调一下，What 和 Why 的顺序是可以根据具体情况进行调换的。

我们运用 2W1H 的方式来对小林的新产品进行讲解。

（1）What：互联网保险是什么？

"您好，王总，我们公司推出了互联网保险业务。这款互联网保险产品是我们公司新上线的一款 App 软件。"

（2）Why：为什么要用这个软件？

"这款软件极大程度地帮助客户解决时间的问题，很多情况下客户需要到我们公司来了解保险产品以及签署合同，有了这个 App，就完全不存在这个问题，在手机上就可以直接了解和操作。"

（3）How：怎样下载？

"只需要在手机商城中输入'互联网保险'这几个字就可以搜索到，直接点击下载。首次登录会有 1000 元的平台奖金。"

运用 2W1H 的方法来解释这款新产品会让客户一下子就明白这个产品的意义和作用了。

所以，当我们要去解释一个自己很熟悉但是别人不熟悉的词汇、产品时，需要使用 2W1H 的方法。

在我们了解归纳逻辑的概念、运用、模型之后，就开始演绎逻辑的学习。有很多人对演绎逻辑很困惑，觉得实在是太难理解了，但其实演绎逻辑无处不在，只是我们之前太拘泥于演绎逻辑的概念和完整形式。很多时候，演绎逻辑是以省略的形式存在的，并且充斥我们的生活。如果我们不明白演绎逻辑，也许被别人戏弄了都没有反应过来。

3.5 演讲中的演绎思维，让你的表达更有说服力

3.5.1 演绎思维是什么？

演绎思维的定义正好和归纳思维相反，演绎思维是指从普遍性的理论知识出发认识个别、特殊的现象的一种论证推理方法。

演绎思维（演绎论证）的模型是三段论：大前提，小前提，结论。

经典的三段论案例是：

大前提：所有人都会死；

小前提：苏格拉底是人；

结论：苏格拉底会死。

我们通过这个案例再回看过去的概念，这是从普遍性的理论知识出发认识个别、特殊的现象的一种论证推理方法。

注意三段论的基本特性：大前提、小前提都是已知的，结论是演绎出的一个新判断。为了确保结论的正确性，推理的规则要保证正确。简单说，大前提、小前提都是对的，结论才是对的，如果大前提、小前提中任何一个是错误的，结论都不成立。

比如刚才关于苏格拉底的经典三段论中，若变成：

大前提：所有的猴子都会死；

小前提：苏格拉底是人；

结论：苏格拉底会死。

大前提是猴子，跟人没有关系，所以后面的小前提和结论即便对了也没办法成立。

大前提：所有人都会死；

小前提：苏格拉底是凳子；

结论：苏格拉底会死。

大前提和结论对了，但是苏格拉底不是人是凳子，最终结论也没办法成立。

所以，演绎论证必须是大前提和小前提都对，才能推理出一个对的新结论。

有些爱思考的人会发现一个问题，在运用演绎论证的过程中，有时候会遇到前提对，规则对，但是结论怎么看都不对的情况。在《你对我讲道理，我对你讲逻辑》这本书里就有这样一个短小精悍的案例，我们一起来分析一下。

我坐在桌子上，桌子是名词，所以我坐在名词上。"我们从推理的结构看，这没问题，是一个基本的三段论格式。可问题出在哪儿呢？

这两个前提分开看都是对的，推理规则也没错，但结论是怎么一回事儿呢？我坐在桌子上，这个桌子是个实物。而第二个前提，桌子是名词，单看没问题，但在推理中我们要探究一下，这里的桌子是什么意思。

这里的桌子不是实物，而是一个名称，问题就在这里，虽然这两处我们都使用了桌子这个词，但对应的含义其实不是一回事，所以结论很奇怪。改一下，我坐在桌子上，"桌子"是名词，这个桌子就要加上引号了，即我坐在一个名为"桌子"的物体上。注意，不是桌子的名字叫"名词"，而是一个叫"桌子"的物体。

通过这个案例，我们可以很容易地看出前提对、规则对，含义不对，也没有办法得出正确的结论。

演绎思维就是一种推理思维的合理性，有很多人会认为演绎思维只能够在一些特殊的场合使用，比如破案、做数学题和理论推演等，但实际上演绎思维在生活中无处不在，只是我们省略了它的形式。

3.5.2 生活中的演绎论证

有些人会觉得演绎论证在生活当中的应用并不广泛，实际上，不论是归纳思维还是演绎思维在生活当中的运用都十分普遍，只是演绎论证常常以省略的形式出现。我们生活当中所有的俗语都是演绎思维（演绎论证）。

比如：好男不跟女斗。我们看省略了什么？省略了小前提和结论，直接出大前提了。我们把这句话梳理一下：

大前提：好男不跟女斗；

小前提：我是好男；

结论：不跟你（女）斗。

再比如：好马不吃回头草，省略了小前提和结论。

大前提：好马不吃回头草；

小前提：我是好马；

结论：我不吃回头草。

这样解释，大家会发现生活当中有很多演绎推理，那我们自己可不可以来尝试构建一下三段论？

大前提：只要在京东商城办 Plus 会员都送爱奇艺视频 1 年的会员权益；

小前提：我是京东 Plus 会员；

结论：京东也送我爱奇艺视频 1 年的会员权益。

我们也可以思考日常的话语中，哪些是运用了演绎思维，尝试补充出这些话语的三段论。

现在我们可以判断生活中的演绎思维，同时，演绎思维中延伸出的一种演绎模型可以很好地帮助我们进行工作汇报，让我们的工作汇报脱颖而出。

3.5.3 用好 PRM 演绎模型，让你的工作汇报脱颖而出

前面我们分享了演绎论证的原则和生活运用，那演绎论证有在工作场合使用的时候吗？当然有，那就是工作汇报。

作为职场人士，我们接触最多的演讲就是工作汇报，以前可能只需要交一份 PPT 或者 Word 文档就可以，现在几乎 90% 的公司都需要员工来到台前，当着众人的面进行工作汇报。有些公司将每个人的工作汇报时间控制在 10 分钟以内，有些公司则需要员工做 20 分钟以上的述职汇报，不论汇报的时间是多长，每年的工作汇报季

都是令大家比较头疼的。如何能够将自己的工作汇报内容设置得更好一些？

分享一个演绎论证中延伸出的 PRM 技巧，它很适合在工作汇报中使用，会让工作汇报听起来有理有据，甚至脱颖而出。

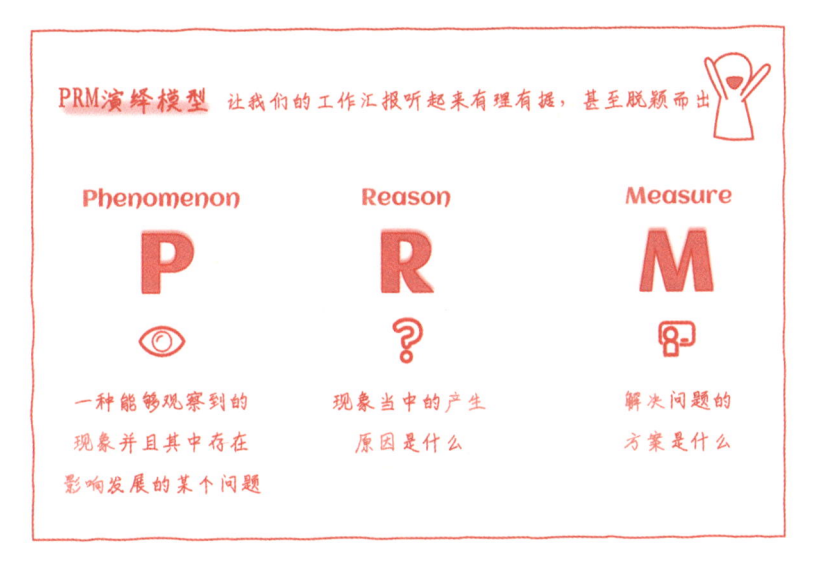

PRM演绎模型 让我们的工作汇报听起来有理有据，甚至脱颖而出

Phenomenon **Reason** **Measure**
P **R** **M**

一种能够观察到的现象并且其中存在影响发展的某个问题 / 现象当中的产生原因是什么 / 解决问题的方案是什么

P（Phenomenon）：现象——一种能够观察到的现象，并且其中存在影响发展的某个问题；

R（Reason）：原因——现象当中产生的原因是什么；

M（Measure）：解决方案——解决问题的方案是什么。

在《培训师 21 项技能修炼》中提到 PRM 的具体应用方法。细心的朋友已经观察到了，这也是培训师在上课的时候采用最多的方式之一。比如，我经常在讲解紧张的时候用 PRM 的方式来引导学员：

P：各位伙伴们在演讲的时候会不会有手抖、腿抖、脚抖或者心跳加速、大脑一片空白的紧张情况?

R:我看到大家都频频点头。绝大部分伙伴来学习演讲都是为了缓解紧张,改善刚才的情况。为什么我们会紧张?紧张是我们常人的情绪,有生理原因和心理原因……

M:那怎样做才能够缓解紧张呢?我教给大家3个方法……

我们发现很多情况下写作也运用这个方法。

我们盘点一年的工作,大部分情况下每个职场人都在帮助公司处理问题,既然有问题就有相应的现象表现,也会有相应的解决方案,所以就可以使用 PRM 的方式来进行汇报。以下是以往授课中来自3个行业的伙伴,根据自己行业和公司运用 PRM 进行简短分享的案例。

1. 金融行业

P:近几年,来银行办理普通业务的人越来越不耐烦,觉得办理一个小业务就要排上很长的队伍,对银行服务的评价越来越不好。

R:这个问题的主要原因是随着互联网以及电子产品的快速发展,手机已经成为人们的必需品,绝大部分的操作都在手机上完成,人们也希望能够在手机上操作简单的银行业务办理。

M:于是我们立即开展了以方便用户操作、提升银行形象的"手机银行"会议,通过董事会决定、技术部门操作、业务部门协同的三管齐下,最终在两个月内完成"手机银行"业务的快速搭建,最终解决了客户的问题。

2. 大健康行业——销售

P:近几年,灰指甲困扰越来越多人,有很多人得了灰指甲不知道怎样才能治好，任由自己的灰指甲慢慢感染。

R：造成灰指甲的主要原因是真菌感染，要想消除灰指甲需要从真菌入手。

M：如何消除真菌，还我们一个健康的指甲？今天我给大家介绍一款产品……

3. 青少年培训行业

P：随着社会的发展，越来越多的家长注重对孩子的教育投资，不论是从学业还是兴趣、爱好、语言方面。但近几年，有大量家长表示，课外学习效果甚微，不知道什么样的培训才有效果。

R：这个现象的主要原因是各色各样的补习班层出不穷，家长不知道孩子应该学什么，也不清楚学哪些效果比较好。

M：针对这个问题，我们给各位家长三方面的建议……

通过以上3个行业的例子，可以看出PRM的方法是在职场中一种很好用的表达方式，现在我们可以尝试结合自己的行业特性、公司特征以及自己的实际工作，运用PRM模型开始一次高质量的工作汇报吧！

"逻辑篇"的所有内容，着重在于我们对演讲内容的打造，相信大家通过学习，已经对演讲的模型和逻辑有了更深入的理解。很多人认为在这个文字为王的时代，只要有好的内容就可以取胜，但这更多的是指写作。而演讲相比写作还有一个很大的区别，就是写作不需要看作者的全面貌，只看作者的文字，而演讲是要看演讲者整体的状态以及用耳朵听演讲者的内容、声音。所以演讲中的个人气场也不容忽视。下一章"气场篇"让我们一起开始打造自己的气场。

本章训练 任选一题，进行一次即兴演讲

按照本章讲解的演讲方法，自选题目，进行一次 5 分钟的即兴演讲。

1. 人生在于承受。
2. 做彼此的灯塔。
3. 我的世界谁做主？
4. 对我最重要的一个人。
5. 我想和世界谈谈。
6. 题目自拟。

本章答疑 如何让表达更有逻辑？

大部分人学习即兴演讲时都希望自己的表达更有逻辑，那么如何让我们的表达更有逻辑？要做到以下三点。

1. 表达有重点是前提

很多人说话没有逻辑，是因为自己也不清楚要表达怎样的中心思想。我们要确保重要性顺序逻辑的有效使用，说话要有重点。

在发表自己的言论之前，要确定自己表达的目的是什么，围绕目的来进行说明讲解，就会使人感觉你的表达清晰、有重点。

2. 表达有框架是关键

在表达相对复杂的时候,需要快速搭建语言框架。运用具有分点特质的结构顺序逻辑来进行梳理。

比如,我觉得这部电视剧之所以吸引人主要在于三点。

(1)演员阵容宏大,都是老戏骨;

(2)题材符合大众喜爱;

(3)情节紧凑不拖拉。

这三点并列存在,证明了我喜爱这部电视剧的主要原因。

3. 表达有内容是方法

有了重点和框架之后,要用案例故事证明你的观点站得住脚,就需要使用时间顺序逻辑来进行内容讲解。讲解的过程中运用好五感的方式,让对方自行脑补画面。

第四章

气场　好声音塑造好印象，好形体带来强气场

我们会发现一个好的演讲者，必然会有强气场，这种气场往往还带有属于演讲者个人的独特性。很多初登舞台的演讲者都希望自己能够拥有掌控舞台的气场。想象自己一站在舞台上通过衣着和站姿就有能够把控全场的气质，或者一张嘴就有吸引人的声音，我们把这些统称为舞台第一印象。作为初登舞台的演讲者，我们首先要从基本的声音和舞台形体、手势入手，让我们的第一印象能够深入人心。

4.1 你的声音可以价值连城

声音是我们在演讲表达的过程中一个重要的载体，如果你的声音好听，一定会为整个演讲加分，当然如果我们的声音没有那么出色，也不要担心，演讲跟播音最大的不同就是，播音只能通过声音来考查播音员，所以对声音的要求会更高。而演讲看的是整体，不是由某一个方面决定的。所以当我们有了在舞台上的自信，说话有逻辑、内容翔实，再把手势动作加上，基本上整个演讲的效果就可以达到 80 分以上了。剩下的 20 分，就是关于声音的部分。

在演讲当中，大家对于声音的问题除了"美妙"，还更可能存

在下面的普遍情况：

"说话声音小，观众听不清。"

"自己比较自信，内容也不错，但是说话语速很快，没有停顿，往往自己讲得辛苦，观众听起来也累。"

"10分钟的演讲下来口干舌燥，长时间说话感觉嗓子都要哑了。"

如果一个声音特别小、语速极快和口干舌燥的演讲者，观众一定不喜欢，这就对演讲者在声音方面提出了最基本的3个要求：声音洪亮、语速适当以及气息足够。

4.2 声音的基础——响亮、停顿、上行语势

1. 响亮

有的时候，演讲者说话声音过小，观众听不清演讲者在讲什么，那么无论多么精彩的演讲，都无法让人为我们喝彩。

所以，在演讲表达的过程当中，最重要的一点，要记住，我们的声音要响亮！

我们演讲时在没有麦克风的情况下，听众在接收信息的时候比较辛苦，因为听不到。即使在比较大的场合当中有麦克风来辅助，我们也要养成声音洪亮的习惯。声音太小，会让观众觉得你缺乏热情，也会让自己的演讲显得没有力量。

其实，我们每个人都可以大声说话的，为什么很多演讲者声音不能响亮，不能大声说话呢？

声音小的原因主要有以下三点。

（1）对自己讲的内容不自信

这一点可能跟紧张有关系，也可能跟没有准备好有关系。所以，做好充足的准备可以让你心里有底气，心里有力量，这样有底气的演讲者，声音更有力量。

（2）缺少情绪

回想一下愤怒的时候，我们会不会大声说话？愤怒的时候大家可能都会爆发出令自己都意外的响亮声音。如果我们不能将演讲当中的词句赋予它应有的情绪，声音就会变得很小。

（3）气息不够

在演讲的过程当中，尽可能大声地说话，但是确实有一些人没办法大声说话，或者说几句嗓子就会干。这主要原因是气息不够足。

下一节我们会单独讲解有关于气息的问题。

2. 停顿

我们说话都是有停顿的，几乎没有人能一口气把所有的内容都说完。

但是上了舞台，可能因为紧张，说话速度会变得很快，这时要求我们说话有停顿。一旦说话有停顿就会产生以下四点好处。

（1）缓解紧张、减缓语速

第一章内容就提到，紧张的人容易说话语速快，因为想赶紧说完就下场。这种因为紧张造成的语速快，一旦在舞台上忘词了，就很难进行下去。说话停顿就会很好地帮助演讲者，停顿使大脑有了更多的思考时间，也给了自己更多的时间组织语言。

（2）控场

除了一些控场技巧之外（会在下一章讲到），停顿也是一种技巧，因为演讲者在台上是带着观众一起走进这个演讲的，换句话说，就是带节奏的。利用适当的停顿让观众感受到演讲中的节奏，会让演讲更好地进行。

（3）获得观众的掌声

当演讲者讲得很好的时候，观众会情不自禁地鼓掌。但如果演讲者没有停顿，观众的掌声就没办法持续下去，所以需要停顿来让观众的情绪用掌声得到抒发。

（4）观察观众的反应

演讲者为了及时得到观众的反馈，要运用停顿的瞬间，观察台下观众的反应，是赞同还是疑惑？根据观众的反应来思考演讲内容是否需要即时做出调整。

既然停顿有这么多的好处，平时演讲者应该怎样练习停顿？在这里有三种练习停顿的方式。

（1）倾入情感需停顿

练习演讲时倾入感情，停顿自然而然就会出现了。因为在运用情感的时候我们需要气息转换，转换需要时间，所以一定是需要停顿的。

（2）重点强调需停顿

练习演讲时，演讲者要注意重点的停顿练习。在演讲中，在强调的某个词、某个句子前停顿，让观众意识到这个地方很重要。当然，配合一些重音，强调效果更明显。

第四章 气场 好声音塑造好印象，好形体带来强气场

（3）转折部分需停顿

练习演讲时注意转折停顿的练习。演讲到了转折处需停顿，这个时候停顿是观众思考的时间，让观众充分意识到，演讲内容情节的转变。

3. 上行语势

我们作为演讲者，都希望在舞台上能够获得观众的掌声，也希望带给观众愉悦的心情。那演讲者需要掌握上行语势来辅助自己的演讲。

上行语势是一种语调的变换，主要特点：前低，后高，尾音上扬。人从小就对语调的变化有感知。

比如，孩子在襁褓的时候，是完全听不懂大人说话的。如果孩子哭了，我们想让他不要哭，就严厉地批评道："你哭什么哭！"这个时候孩子可能哭得更厉害。

如果我们哄着孩子说："乖哦，不要哭了哦，我在这儿呢！"孩子有可能就会好一些，因为"乖哦，不要哭了哦"这个声音都是上扬的，所以孩子在听不懂语言的情况下，他依然可以识别出别人的语音语调，是不是对他有亲和力？是不是友好的？对于演讲而言也是同理的。上行语势是唯一可以带来愉悦感情的语势。

我们可以将这种愉悦的语调用在演讲中，传递给观众一种愉悦的感觉。

同时用上行语势，还可以帮助演讲者获得掌声。

比如，通过前面章节的讲解知道上舞台的第一句话是问好，尊敬的各位领导，亲爱的各位同事，大家晚上好。问好之后应不应该

有掌声？应该有。

但如果语调太低，观众就没有给掌声的意识。所以尾音上扬最好能够加一些气息，这样的语调能够带给观众愉悦的感觉，也就自然而然地给予掌声。

响亮的声音可以让观众听得到，适当的停顿可以引发观众的思考以及促进演讲者自己的思考，上行语势可以带给观众愉悦的感觉，那么我们的声音状态就可以搞定一场10分钟以内的演讲了。但如果演讲时间过长，就会有很多人感觉嗓子十分不舒服，如何缓解这个情况？需要足够的气息来辅助演讲。

4.3 气息是你声音的力量

很多人在说话时都会遇到长时间说话嗓子发干的情况，但讲师们每天经常要讲6~9个小时，也没有喉咙发干的情况；春节联欢晚会的主持人主持完整场晚会，嗓音还是非常动听。

造成说话嗓子发干的主要原因是发声的位置不同。

普通人发声用的是嗓子，这并不是说播音员、主持人发声就不用嗓子，而是说专业人士的发声中还会运用气息。

气息可以说是声音的力量，如果能够运用好气息的力量，不仅能够使声音洪亮，并且还能够让我们在说话时轻松很多。

练习气息的方式有很多，在这里给大家分享一招马上就能掌握的练习气息的方法。

在正式介绍这一招之前，先来体会一下气息的位置，气息在哪

第四章 气场 好声音塑造好印象，好形体带来强气场

里。武侠小说里，有这样一句话，叫气运丹田。换句话说，气要沉下去，沉下去的那个位置就是产生气息的位置——腹部。

大家一起来体会一下，找一找位置。把双手放到肚脐的位置，然后呼吸。呼吸有一定的要求：吐气的时候，慢慢地把气吐出来，不要一下子吐出来。好似在我们的前面有一张纸，想把它慢慢地吹起来。吸气的时候不要吸得太满，整个呼吸的频率就像是做瑜伽。按照这个呼吸频率，呼和吸各一次，一共做5次呼吸。

吸气的时候肚子应该是鼓的，因为人是一个腔体，也就是空的，有气体吸进来的时候，肚子就应该变鼓。

为什么有人的肚子是瘪的呢？这也就是很多人用不上气息的原因，肚子瘪是因为气没有沉下去，到胸腔位置就停止了。一般情况下，气到胸腔就停止是因为肩膀动了，如果大家想在站着的时候更好地体会让气息下去，就找一位朋友帮助按住肩膀，然后再来体会呼吸这个动作。如果只是自己的话，就肩膀下沉，再来感受一下。

找到了气息产生的位置，知道了为什么气息没有沉下去后，大家一起做一个互动，继续把双手放在腹部的位置，现在我们要说一句话："尊敬的各位领导，亲爱的各位同事，大家晚上好。"这句话说5遍。要求运用悄悄话的方式，不能用嗓子，完全用悄悄话来进行。

大家会发现在用悄悄话的时候，腹部在动，长时间说可能腹部还会疼，这就是运用了腹部发声，也就是运用了气息方法。悄悄话的方式加上躺着读文章的方式，是练习气息的极好方法。

还有一种方式，每天躺在床上读文章，这个时候大家会发现肚

子是动的，那就证明大家运用上了腹部的力量，用上了气息。躺在床上读文章运用的就是气息，如果躺在床上用悄悄话读，效果更佳。

我们学会了练习气息一招制胜的方式——悄悄话，前面也学习了演讲的框架，如果我们已经构建完演讲框架和内容，就拿出之前准备好的框架，用悄悄话的方式来进行朗读，这样的练习一举两得。如果没有准备好自己的演讲内容，也没有关系，随便找一段文字用悄悄话来练习就好了。

强调一点，声音的运用需要长时间练习，不是一朝一夕的事情，需要每天练习，量变产生质变。播音主持专业的人，在大学练习4年才有如此好听的声音。所以，想要运用好气息，以及有好的声音，需要每天坚持练习，练习时间不必太长，每天拿出5分钟就可以。可以是起床的5分钟，也可以是睡前躺在床上的5分钟。慢慢地就会发现有变化，坚持练习一两年，会有一个质的飞跃。

如果说，好的声音能够带给我们好的说话状态，那么好的形体能够帮助我们增强感染力，而且还可以更好地带动听众。

4.4 标准舞台姿态，让你在舞台上更有自信

有些初登舞台的演讲者因为紧张或缺少舞台经验，上了舞台之后觉得自己哪里都不对，甚至都不知道应该如何在舞台上站立、走动，手应该怎样放。

这些外在呈现上的不知所措，也会影响演讲者对整个演讲的发挥。这一节主要针对舞台基本的姿态进行讲解，让初登舞台的演讲

者也可以掌握标准的舞台姿态，收获舞台自信。

1. 站姿

在舞台上自然不能将不好的驼背、东倒西歪的站姿呈现给听众。我们要注意好自己的形态。

在站姿上我们介绍两种方式。

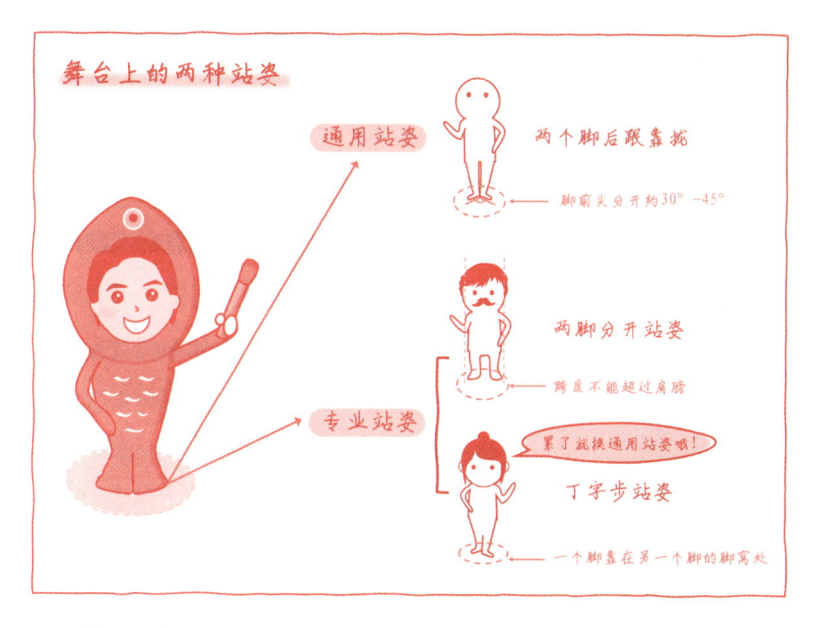

第一种，男女通用站姿。两个脚后跟靠拢，脚前尖分开30～45度。

第二种，专业站姿。如果是男士，可以选择两脚分开的站姿，但是跨度不能超过肩膀。如果是女士，可以选择丁字步，一个脚靠在另一个脚的脚窝处。

演讲者可以采用男女通用站姿，也可以采用第二种站姿，这样的站姿会给观众一种专业、自信、精神的感觉。

同时，若是长时间的演讲，建议女士可以采用丁字步和通用站姿适当交换的方法，以免长时间采用丁字步站姿而过于劳累。

2. 归位动作

在了解了基本站姿之后，我们再来了解一下上半身的动作。

上半身的要求自然是抬头，挺胸，目视前方，但很多初登舞台的演讲者不知道两只手应该如何放。

在不出手势动作的前提下手势需要有归位动作，在这里推荐给大家3种归位动作。

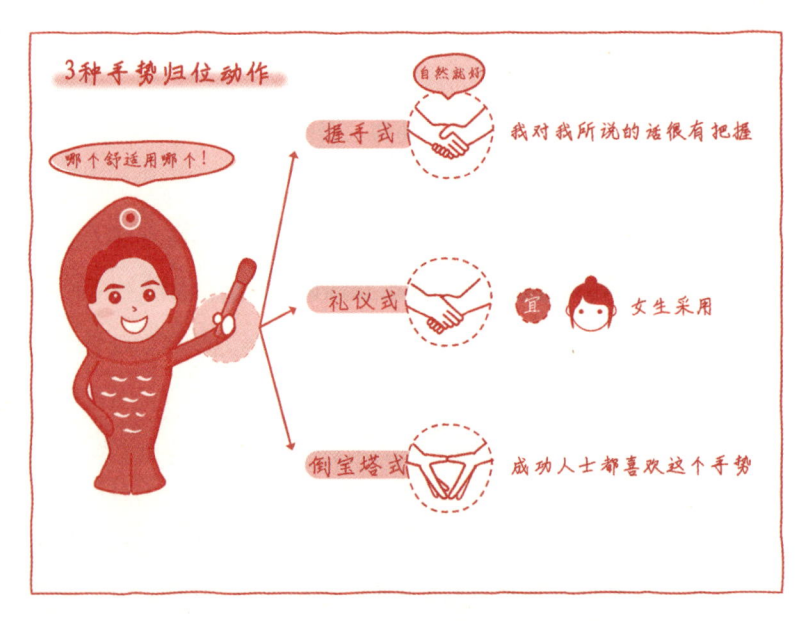

第一种，握手式。两手相握自然地放在前方就可以了，这样的动作，寓意着演讲者对自己所说的话很有把握。

第二种,礼仪式。礼仪的老师会告诉我们一个手搭在另一个手的手背上面,这样也是可以的。不过建议女生采取这样的方式会比较好看,男生总感觉哪里怪怪的。

第三种,"倒宝塔"式。手比出一个倒宝塔的形状,很多成功人士都喜欢运用这个手势。

3种归位都可以,任选一个你认为舒服的动作来作为自己的归位动作就可以。

3. 面部表情

面部的表情要自然地微笑,不能笑得太尴尬,微笑时最好露出牙齿。在这里并不需要像空姐一样露八颗牙齿,但也需要稍微露一点儿牙齿,给人的感觉更加自然。不露牙齿的微笑有时候会给人一种皮笑肉不笑的感觉。

有些演讲者刚开始上舞台的时候笑不出来,尤其是男士,总觉得笑是一件特别难的事。我在接触演讲后的很长一段时间里,都不太会笑。当时,师傅还说我:"木鱼在演讲的时候手势动作也好,整体姿态也好,内容逻辑都非常棒。就是不会笑,老给观众一种不能亲近的感觉。"

这就可以看出来,缺少微笑的演讲者就缺少了亲和力。从那之后,我开始练习微笑,现在可以说想不笑都不行。

如果大家也有类似笑不出来的情况,那就需要刻意练习笑容了。练习的方法,确实是空姐练习微笑的方法:牙齿夹一根筷子,然后慢慢地抽出。

这种方法的笑容一开始可能会比较僵,实际上就是锻炼人的肌肉记忆。最后嘴巴习惯了，就可以自然地笑了。

除此之外，我更推崇照镜子调整到自然微笑的状态。因为只是上舞台，不用像空姐一样去练习，只要舒服自然就可以。如果能够通过镜子自己就可以调整到自然的微笑，也可以不用以上空姐训练微笑的方法。总之，能够达到自然微笑的效果就可以。

同时，在微笑的过程当中，也要注意眉毛。中国有个词叫作眉开眼笑，意思是在微笑时，除了嘴巴，眼睛更是传达情绪的窗户。演讲者是不是真的要与大家分享，眼睛、眉毛更能传递给观众情感。

眼睛要有神，眉毛不要纠结到一起，要舒展开来。初登舞台的演讲者有时会忙不过来，想着要微笑，但心里还是担心自己讲不好，眉毛都纠结到一起去了，可嘴巴却是微笑的。这种表情往往演讲者自己没感觉，观众看了会在下面笑。

所以，在演讲的过程中，除了要注意嘴巴的微笑，还要注意眉心舒展。

4. 眼神

刚才提到眼睛是传达情绪的窗户，眼睛要有神。那怎样能够让观众感觉到演讲者的眼睛有神呢？这就要求演讲者做到以下三点。

第一，眼睛不要漂。

有些演讲者的眼神会飘忽不定，看天看地就是不看人，严重的甚至翻白眼或者频繁眨眼。这种现象的主要原因是紧张或准备不充分。

最好的解决方法就是照着镜子进行演讲练习，必须要求看自己。有些演讲者刚开始连镜子里的自己都不敢看，如果对自己如此不自信，又怎能要求观众为你的演讲欢呼呢？当我们敢正视镜子里的自己的时候，就敢正视台下的观众。

第二，在观众身上停留1~2秒。

好的演讲者眼睛仿佛可以跟观众对话。难道是优秀演讲者的演讲会说话？其实不然，能够让观众感受到演讲者在关注他的重要技巧就是，在人数允许的情况下，照顾到每个观众。

虽然演讲者在说话，但是眼睛可以看着观众，眼神在每个观众身上多停留1~2秒，观众就能够感觉到被重视，就像是可以跟观众对话一样。

第三，大型场合看中后区。

小一些的场合可以运用在观众身上停留1~2秒的方式让观众感到受重视，如果是大型场合有成百上千个观众，那演讲者的眼睛该看什么地方？

在大型场合演讲，眼睛主要看中后区。不要光顾着前排观众而忽略了后排观众，眼神主要停留在中后区，并且按照左45度、中间、右45度的三部分区域进行眼神交流。这就要求演讲者要顾及上下左右所有方向的观众。

这一节，我们在基本站姿、归位动作、面部表情、眼神四个方面讲解了演讲的基本姿态。对于初登舞台的演讲者来说，刚开始按照这种方法练习难免会觉得有些不舒服、不习惯，但这就是正确的姿势，之前的不正确习惯导致演讲者在舞台上手舞足蹈。按照正确的方式进行训练后，会在站上舞台的那一刻就给观众一种专业的感觉。

在学会了基本的站姿之后，我们来学习在什么时候应该出手势动作以及如何出动作才能更好地增强演讲者的感染力。

4.5 演讲级手势动作增强舞台感染力

在第一章，我们就有提到手势的作用之一是能从生理上帮助演讲者缓解紧张，除此之外，在舞台上会出手势动作的演讲者，往往更能够给人自然、有感染力的舞台效果。

我认为手势动作是形体部分的重中之重，并且相比于其他方面出效果会更快一些，希望大家在学习这部分的内容时，可以边看边做，这样更能够帮助大家练习手势动作。

在第一章我们就提到，其实每一个人在日常生活当中都有手势动作，只是到了舞台上开始变得拘谨，不知道该怎么出了。所以，与其说是教大家如何出手势动作，不如说是通过方法来提醒大家在哪些地方应该出手势动作。

为了方便大家记忆，我给这套手势动作的方法取名为"四有"，这个名字的启发源于"四有"青年。我们从小就知道要做一个"四有"青年，即有理想、有道德、有文化、有纪律的青年人。那么，手势也有"四有"，在遇到以下四种情况的时候，要记得出手势。

在正式讲解"四有"之前，先简单说明一下，出手势动作的区域。我们把手势动作的区域分为三个：上区、中区、下区。

（1）上区：一般指手抬起，动作超过肩膀。

（2）中区：一般指胸前的区域。

（3）下区：一般指胸部以下的区域或者出动作时，动作的幅度曲线向下。

而我们大部分出手势的区域都在中区，也就是胸前的位置。"四有"的手势动作讲解区域无特别提示，就是指中区。

第一，有数字。

有重要数字的时候需要出手势。

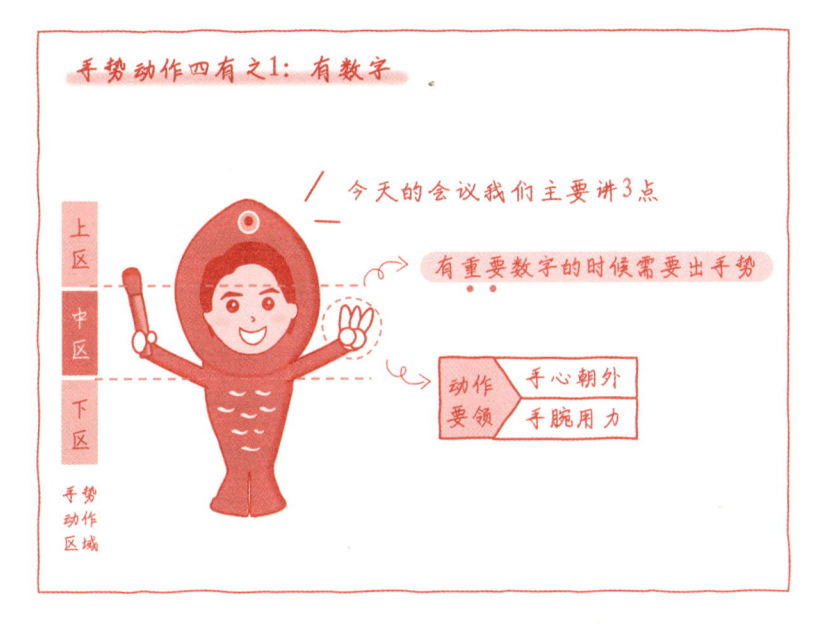

比如：

（1）这个月公司的营业额与上个月相比提高了40%。

（2）我获得了校运动会男子400米长跑第一名的好成绩。

（3）今天的会议我们主要讲3点。

这些句子中的数字都属于重要数字，在遇到重要数字的时候记得出手势。

出数字手势的动作要领：手心朝外，手腕用力。大家不妨举起手，从 1 到 10 一起出一下。10 个数字当中有 3 个数字要注意一下。

在出数字"2"的时候千万不要手背朝外。因为手背朝外的"2"在有些国家是辱骂的语言。

在这里我们还要强调"重要"两个字，在有重要数字的时候出手势，不重要的数字可以不出。

比如下面这段话："今天早上我上班的时候，看见有一位老大爷牵着一条狗买了两根油条，过了一条马路。"这段话中虽然也有几个数字，但却没办法勾起我们想出手势的欲望。因为这些数字都不够重要。

还有一种情况，一句话当中出现很多数字，感觉都挺重要。这个时候应该怎样出手势呢？

比如，《超级演说家》曾有一个演讲《小强是怎样练成的》。第一句话就是："有 1 个人 10 年前 3 次高考 2 次落榜……"一句话中出现 4 个数字。

大家可以先感受一下，这一句话中 4 个数字的手势都出是什么感觉？如果连做了这 4 个数字手势，一定会感觉怪怪的。一句话太多数字，就有太多动作。这种情况下，切记不要每一个都出，挑两个相对重要的出。

在出手势当中，什么样的数字是重要数字？这里没有明确的要求，演讲者认为重要的数字就是重要的。因为每个人对文字、话语的理解和判断都不是完全一样的。

第二，有大小。

用手势比画具体物体，并成比例。

大家可以跟着这几个词来尝试进行物体的比画：包子、箱子、纸、盒子、水桶、圆柱体……

大家都能够比画出这些物体。但这里要注意，比画实际物体的时候要成比例。不能把一个包子比画成大饼的大小，这样不根据事实依据来比画的手势动作缺少说服力，有时候还会给观众夸张的感觉。

除了这些具体的物体之外，总有一些我们没有办法用具体的手势动作比画出来，比如：草原、沙漠、工厂、湖泊……

这些没办法用具体手势来比画的，我们可以尝试进行一个范围的比画。

第三，有上下。

我们大部分的出手动作都在中区，手势动作有没有出现上区或者下区的时候？也有的。

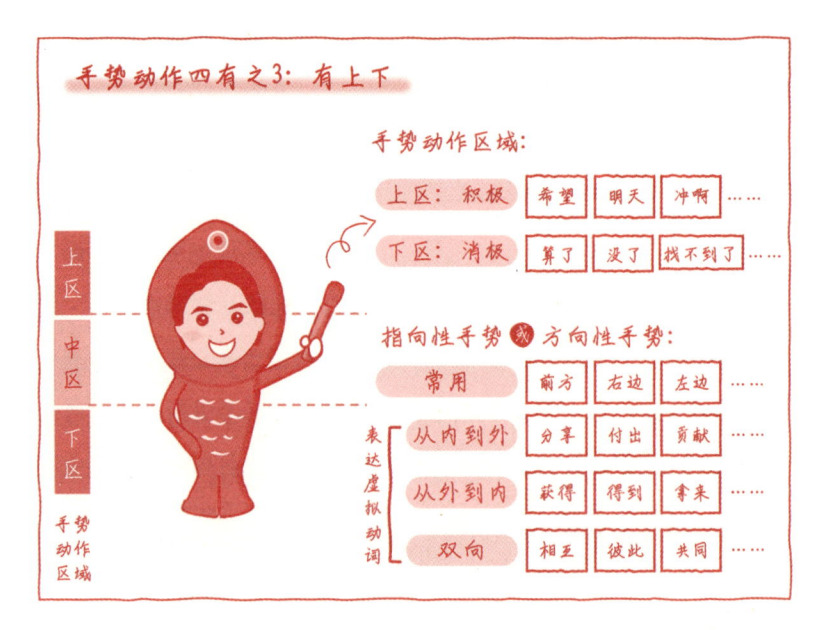

上区的词语比较积极，如：希望、明天、冲啊……

下区的词语相对消极，如：算了吧、找不到了、没了……

我们还要注意表示方向性的手势动作，比如：前方、右边、左边、后边。这些都比较常用的，也称为指向性手势。

还可以运用方向性手势表达一些虚拟动词。

（1）从内到外：分享、付出、给予、贡献、奉献……

（2）从外到内：获得、得到、拿来……

（3）双向：相互、彼此、你我、共同、共享……

第四，有模仿。

有很多词在日常生活中都可以用手势动作模仿来做，在舞台上也同样。比如下面几个词我们可以自己来模仿一下这些动作：敲门、拎东西、打电话、打开窗户……

这就是手势动作的"四有"：有数字、有大小、有上下、有模仿。在遇到这4种情况的时候，演讲者要提醒自己出手势动作。刚开始如果你在舞台上并没有任何手势动作，最好先按照"四有"的方式进行刻意练习和调动。

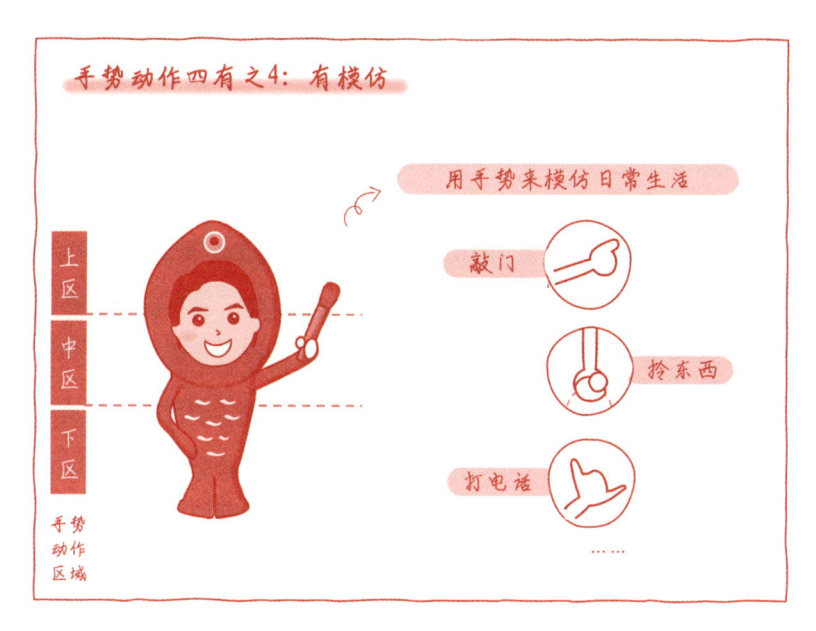

当出手势动作在舞台上已经形成了习惯之后，大家会发现其实手势动作使用的自然程度远远超过"四有"本身。所以，"四有"只起

到唤起手势动作的作用,当大家习惯出手势动作之后,就会形成自己的手势动作风格。拥有手势动作会给演讲增强感染力和带动感。

如果演讲者有了标准的站姿、自然的手势动作以及好听的声音,但是穿了一条短裤来到演讲大赛的会场,观众看到这样的服饰会对演讲者的第一印象会大打折扣。好的穿着一定会给我们的演讲加分,试问谁不喜欢"美"的事物呢?

4.6 "颜值"是"言值"的助推剂,好衣着带来好印象

不知从什么时候开始,网络上出现"颜值即正义"的流行风。越来越多的人在乎自己的外在形象。诚然,好的"颜值"确实能够在很多方面加分。演讲也不例外,但这里的颜值并不是狭隘地指长相,长相只是"颜值"的一部分。

长得不够倾国倾城,也可以依靠多维度塑造,让自己的"颜值"提高。大家会发现,有的时候我们觉得一个人长得好看,不仅仅是因为脸,而是感觉这个人有某种魅力,这是从内散发出来的。"颜值"是我们自信的外向塑造,而拥有好的"颜值"是言值的助推剂。

第一个标准:符合场合要求

那在演讲中怎么算好"颜值"?其实就是穿着,也就是说,只要符合场合的就是好穿着。

举个例子,我和一位老师先后去某银行进行培训,那位老师早我两天去。第一天培训结束之后,负责对接的老师悄悄地给我发了条微信:"于老师,今天我们和银行方沟通,银行方提出了一个要求,希

第四章 气场 好声音塑造好印象，好形体带来强气场

望老师的穿着能够符合银行系统的风格，今天××老师的风格……不过，我相信于老师是没有问题的。因为我看了您的朋友圈，您总是西装革履的，很符合银行的风格。"

这个经历告诉大家，好衣着的第一个标准就是符合场合需求。

第二个标准：符合演讲定位。

在节目《超级演说家》中并不是每一个选手都是西装革履，我们也见过有穿运动服的。比如第一期的亚军林义杰，他所有的演讲穿的都是运动服。这不光是因为他自己是马拉松运动员，同时他讲的大部分题材都与运动有关。

第三个标准：不知道怎么穿就穿正装。

有些初登舞台的演讲者，对自己的演讲定位没有那么明确，又担心穿运动服会给别人留下不好的印象。如果是这种情况，建议大家穿正装就没错了。

男士穿西装套装、皮鞋，是否打领带要看场合是否特别正式。很正式就打领带，不是很正式可以不打领带。要注意身上的颜色不能超过3种。女士也可以穿西装套装，化淡妆即可。

从现在起，用好的衣着为你的"颜值"加分吧。

在本书中我不要求大家成为穿着达人，因为在演讲舞台上，只要不穿得太过分，大家对我们的印象总不会太差。如果演讲者的衣品以及审美很好，也可以在外在衣着上给自己好好搭配。

好气场打造好印象，通过本章的学习，大家对声音和形体的基本要求有了一定的了解，这也是个人气场的基本要求。当有了自信、演讲内容、好气场之后，实际上大家已经比很多人厉害了。但还谈

不上高手，演讲高手不仅自己有自信、气场、内容，更厉害的是还可以调动台下观众的情绪，让观众的参与感更强，这就需要演讲者具备控场力。

本章训练 带着手势动作进行故事复述

学以致用，内化成自己的学习体系，才是大家学习知识最重要的部分。这一章我们学习了形体和手势动作的内容，要通过一些刻意练习固化这些知识，才能在舞台上娴熟地运用。

我为大家找了3个小故事，作为形体这节的练习素材，有以下3个要求。

1. 用自己的话语复述故事

这不是背诵，也不是朗读。而是读过两遍之后，我们基本上能够记住故事主线。然后，用自己的话语复述出故事梗概。只要中心思想符合故事本身就可以，不需要一字一句都跟原内容一样，转换成自己的语言，更能够让别人觉得我们有自己的特点。

2. 思考哪里可以加手势动作

思考故事的哪些地方符合"四有"，可以适当地加上手势动作。

3. 综合练习

第1点和第2点做好之后，站起来对着镜子进行练习，按照前面讲过的站姿、表情、眼神、手势动作等来进行刻意练习。

第四章　气场　好声音塑造好印象，好形体带来强气场

故事练习1：生命的价值

在一次讨论会上，一位著名的演说家没讲一句开场白，手里却高举着一张20美元的钞票。

面对会议室里的200个人，他问："谁要这20美元？"一只只手举了起来。他接着说："我打算把这20美元送给你们中的一位，但在这之前，请准许我做一件事。"他说着将钞票揉成一团，然后问："谁还要？"仍有人举起手来。他又说："那么，假如我这样做又会怎么样呢？"他把钞票扔到地上，又踏上一只脚，并且用脚碾它。然后他拾起钞票，钞票已变得又脏又皱。"现在谁还要？"还是有人举起手来。

"朋友们，你们已经上了一堂很有意义的课。无论我如何对待这张钞票，你们还是想要它，因为它并没贬值，它依旧值20美元。在人生路上，我们会无数次被自己的决定或碰到的逆境击倒、欺凌甚至碾得粉身碎骨。我们觉得自己似乎一文不值。但无论发生什么，或将要发生什么，在上帝的眼中，你们永远不会丧失价值。在他看来，肮脏或洁净，衣着齐整或不齐整，你们都是无价之宝。"

故事练习2：你也在井里吗？

某一天，农夫的一头驴子不小心掉到一口枯井里了，农夫想尽办法试图把驴子救出来，但几个小时过去了，驴子还是在井底痛苦地哀号着。农夫实在是精疲力竭，他想这头驴子年纪很大了，不值得大费周折去救，于是决定放弃。后来他又一想，觉得还是应该把井填起来把驴子埋了，以免它痛苦。于是他就找来左邻右舍帮忙一起往井里填土准备把驴子埋了。农夫和邻居们人手一把铲子，开始

将泥土铲进枯井里,当这头驴子了解了自己的处境时,刚开始哭得很凄惨,但出人意料的是,很快这头驴子就安静了下来。农夫好奇地探头往井底一看,眼前的景象令他大吃一惊:当铲进井里的泥土落在驴背上时,驴子的反应令人称奇。它将泥土抖落到一旁,然后站在这些泥土堆上,就这样驴子将大家倒在它身上的泥土,全部抖落在井底,然后再站上去,很快这头驴子便得意地升到井口,最后在众人惊讶的表情中快步地跑开了。

就如这头驴子的情况,在生命的旅程中,有时候我们难免也会陷在枯井里,有各式各样的泥沙倾倒在我们身上,而想要从这些枯井中脱困的秘诀就是:将泥沙抖落掉,然后站到上面去。

人生也是一样,必须要渡过逆流,才能走向更高的层次,而最重要的是永远看得起自己。

故事练习 3:痛苦和盐

印度有一个师傅对徒弟不停地抱怨这抱怨那感到非常厌烦,于是有一天早上派徒弟去取一些盐回来。

当徒弟很不情愿地把盐取回来后,师傅让徒弟把盐倒进水杯里喝下去,然后问他味道如何。徒弟吐了出来,说:"很苦。"

师傅笑着让徒弟带着一些盐和自己一起去湖边。

他们一路上没有说话。

来到湖边后,师傅让徒弟把盐撒进湖水里,然后对徒弟说:"现在你喝点湖水。"

徒弟喝了口湖水。

师傅问:"有什么味道?"

徒弟回答："很清凉。"

师傅问："尝到咸味了吗？"

徒弟说："没有。"

然后，师傅坐在这个总爱怨天尤人的徒弟身边，握着他的手说："人生的痛苦如同这些盐一样有一定数量，既不会多也不会少。我们承受痛苦的容器的大小决定痛苦的程度。所以当你感到痛苦的时候，就把你承受的容器放大些，不是一杯水，而是一个湖。"

本章答疑 是不是每一句话都要出手势动作吗？

答：不是。

其实并不是每一个词、每一句话都要加上动作。我们会发现手势动作在优秀的演讲者身上是一个很棒的辅助，其最大的特点就是自然。如果刻意地去强调手势动作一定会显得不自然。

但是很多初登舞台的演讲者，上了舞台根本想不起来出手势动作。所以前期需要进行刻意甚至刻板的练习，让"演讲要出手势动作"这个概念，在意识和身体上都有所表现。

所以，刚开始练习手势动作的时候，要尽可能多加练习。久而久之，身体就知道要出手势动作了，那个时候就知道什么时候该出动作，什么时候不该出动作，就会慢慢从固化变成自然。

第五章

控场 会互动的演讲者，更受观众喜欢

对于演讲者来说，在具备了舞台的自信感和演讲的逻辑内容之后，在舞台上能否更好地掌控全场，让观众喜欢听我们说话，又成为大家想追求的另一个即兴演讲目标。实际上，控场不仅仅是一种技巧，更是演讲者应该具备的一种综合能力。本章我们从控场提问、即兴表达、游戏力3个方面对控场能力进行打造。

5.1 学会控场提问，把握演讲现场互动感

提问是最好的控场互动方式之一，这种方法与第二章"开场篇"的提问法，略有相似之处。两者的共同点都是为了跟观众增加互动感，引发观众对主题的思考。不同点在于，引题处的提问更多出现在开场而且多为封闭式问题。而这里的提问出现在演讲进行中，更加重视问题的质量。要求该问题不仅能够引发观众思考，还能呼应演讲的主题内容，更好地帮助观众理解演讲。开放式问题和封闭式问题可以交叉使用。

5.1.1 好的互动从提出一个好问题开始

1. 调整自身演讲状态，符合演讲基调

控场往往从演讲者状态开始。

要想与观众的互动效果更好，首先演讲者需要表现出良好的演讲状态。如果演讲者要跟大家分享一个很有趣的演讲，想让大家一起笑一笑，但是演讲者自己全程面无笑容，也很难带动观众的情绪。

如果演讲者分享一个感动的事情，这件事情需要首先感动到演讲者，先感动自己再感动别人。

真正的互动就是你想让观众笑他们就可以笑，想让他们哭就可以哭，想让他们为你喝彩就可以给你鼓掌。一切的举动发自观众的内心。演讲者就要考虑到什么是这些观众最关心的点，不管是笑点、痛点，还是其他的点。

2. 善于引发观众思考

在第二章我们讲引出主题的方法时，已经与大家分享了一个方法叫作封闭式问答。封闭式问答更容易控场。因为这对观众的回答并无负担，演讲者也比较好掌控答案。

但是开放式问答在舞台上就真的不能用了吗？并不是。

不是说开放式问题不可以用，而是担心初登演讲舞台的演讲者一开始使用开放式问题，可能会无法掌控观众的反应。

但如果开放式问答本就不需要观众回答而是自问自答，只需要引发观众的思考，那就可以使用。

比如：

（1）请问大家幸福是什么？

我想我们理解的幸福一定是各种各样的……

（2）我想问大家一个问题，什么是成功？

有钱就是成功？有房就是成功？有幸福美满的家庭就是成功？这些都对，也都不对。因为每个人心目中的成功并不相同。

（3）你想要什么样的生活？

是每天忙忙碌碌，还是每天懒洋洋？是每天都很有精神头，还是每天无所事事？

同时，在自问自答时要注意以下三点。

第一，抛出问题不宜过长。

第二，留给观众思考时间。

第三，自我回答注意过渡。

3. 缩小回答范围或者叠加发问

开放式问题和封闭式问题可以叠加使用。

比如：请问各位读者，读了《从0到1搞定即兴演讲》这本书，大家喜欢这本书的什么地方？

这明显是一个开放式的问题，读者一时之间想不出来自己的答案，当演讲者快速察觉观众需要大量时间思考，但仍然想得到观众的回答，就可以马上缩小回答范围或者叠加一个封闭式问题。

（1）缩小回答范围：如果让大家用一个词或者一句话来表达呢？

（2）叠加封闭式问题：是书中的技巧还是书中的案例？

在互动控场提问方面，我们会发现，提一个问题并不难，但是演讲者要去预判观众的各种反应，从而引导观众参与演讲。换句话说，一个普通的问题可以带来一定的互动效果，但一个好的问题必然会带来很好的互动效果。

如果说提出一个好问题是锻炼演讲者对演讲环节的设计以及对观众的把控的话，那演讲者自身的即兴表达能力就是考验演讲者能否在没有预料到的情况下快速反应来应对突发情况。

5.2 即兴表达，彰显语言能力

拥有好的控场效果，绝对不能缺少的一项非常重要的能力，即兴表达能力。虽然说演讲者会在演讲前做好充足的准备，但也不排除观众有临场性的反应。比如，绝大部分正规的演讲比赛都会设置演讲后的评委提问环节。

2019年8月，我应邀为某演讲比赛做中文评委，参与评审的一共有6位评委。主办方要求评委负责点评、提问和打分。很多问题都是评委随机想出来的，演讲者根本不知道评委会问什么，所以这时就需要演讲者即兴组织语言的能力，快速地回答评委提问的问题。

所以，好的即兴组织语言的表达能力，是帮助演讲者控场的重要能力之一，有很多人都非常想学习即兴表达，本节将介绍两种锻炼即兴表达能力的方法：即兴应景表达、表达扑克牌，来帮助大家培养即兴表达能力，提高即兴反应速度。

5.2.1 即兴应景表达

演讲新手们有的时候很羡慕那些优秀演讲者的即兴能力，就是可以抓到一个物体就能讲。这种能力有一个比较学术的名称：即兴应景表达。这种即兴表达的方式，不仅能够让我们张口就来，还能让我们有高级感。

即兴应景表达有一个技巧，就是要分析物体的属性或者作用，只要能够想到属性或者作用就能利用它进行表达。

比如：老师上课最常用的是白板或者黑板，白板或者黑板的作用是可以写字，也可以擦掉。假设我们要借用白板做即兴分享，大家会怎么用？

可以这么说："白板字迹可擦，人生污点难除。"

再比如：我们每天都用的凳子有什么属性或者作用？可以坐着，那对于凳子而言是在承受我们的重量。

这个词可以这样用："我们的人生实际上就跟凳子一样，人生在于承受。"

灯可以怎么用？灯的作用是照明，那么灯可以怎么表达？

可以这么说："我们每一个人都是彼此的灯塔，可以照亮别人前行的路。"

还有人问"鼠标"这个物体怎么用？开动脑筋想一下，鼠标有什么作用呢？点击或者选择你在电脑上想要的。

可以这么说："其实有的时候我们要像鼠标一样，去点击自己想要的界面达成自己想要的目标，才能真正地活出自己想要的样子。"

我们可以看到只要你能想到这个物体的属性或者作用，就可以借用这个物体进行表达，这样的表达显得跟别人不一样，甚至有高级的感觉。其实，通过这样的分析，我们会发现即兴应景表达并没有想象的那么难。

分析物体的属性和作用可以让我们的表达有一种抓到物体就能够分享的能力。那除此之外，还有哪些方法可以帮助我们提升即兴表达能力呢？

在这里我想跟大家说，好的即兴表达不仅可以学出来、练出来，还可以玩出来。

5.2.2 有趣的即兴表达训练方法——会打牌就会即兴表达

从业将近10年的时间，有很多时候我都在寻求一个方法，希望把学习演讲这件事情变得更好玩。我想很多人都在不断地追求这一目标。因为从人性本质上来说，学习是一件反人性的事情，因为学习的过程可能很枯燥、很痛苦，而人性喜欢吃喝玩乐。所以事实上学习使人快乐只是少数人的快乐。那么能否将学习变成大部分人的欢乐？我想这一套练习即兴表达的打牌方式就是一种快乐学习的方式。可以让练习者以玩扑克牌的欢乐形式进行即兴反应的练习，同时这也是个多人游戏，也可以通过这样的形式了解不同人面对同一个词的思维方式，更可以增进感情。我把这套打牌的方法叫作表达扑克牌。

扑克牌玩法一

抽取以一张牌造一个复杂的陈述句。这个游戏4～6个人一起玩是最好的，如果没有那么多人，自己一个人玩也没有问题。

首先，随便抽取一张牌，用上面的词语造一个复杂的陈述句，我说的是复杂的陈述句,而不是简单的。

比如你抽到的是"自信"这张牌,你不能说"我很自信",这个太简单了。

你可以这么说:"我认为自信主要体现在人站在舞台上不紧张地进行表达。"

造完句子后,用"自信"这张牌问一个开放式的问题,比如:你觉得什么样的表现叫作自信?然后再抽取一张牌,用第二张牌的词语来回答上一个问题,比如又抽到了"毫不费力",你可以说:"在舞台上毫不费力地进行演讲,并且能够准确地表达出自己的所思所想,这就是一种自信。"回答完毕后,再问开放式问题,然后抽词语进行回答。

扑克牌玩法二

刚才方法一是让我们抽1个词,方法二就是抽2个词。抽取2个词造句,用2个词提问,用2个词回答。

扑克牌玩法三

跟上面方法相同,将2个词改成3个词。

扑克牌玩法四

抽取10张词语牌,讲一段故事。对这个故事没有任何要求,只要能够成功串上10个词就可以。如果想让游戏刺激一些,可以限制一定的时间,比如1分钟或者2分钟等。

扑克牌玩法五

1分钟以内用比较有逻辑的话语串更多的词语。

这个玩法有要求。玩法四是可以看到10个词语,玩法五是一次只能看到一个词，串上这个词后，才能看下一个词，并且要求整段话是有逻辑性的，而不是前言不搭后语的。

扑克牌玩法六

每人抽取一张卡片，抽取完毕后裁判根据大家的牌，来给这次游戏定一个主题，并决定发言顺序，然后所有人要将自己抽到的牌中的词，贡献给这一次主题。按照规定顺序发言，每人说两句话，然后下一个人接上，以此类推，拼凑成一段话。如何能够让对话符合主题就变得很重要。

比如，抽到了分辨、过程、思想、聪明、推理。

裁判设置的主题为：努力一定可以成功。

第一个人：我认为每一个人都应当具有一定的分辨是非能力，因为很多情况下我们自己追求的成功路径不一定是准确的，也许是一条弯路，也许是一条岔路，也许这条路根本没有尽头。如果没办法去分辨成功路上的是非，就很容易让自己误入歧途。

第二个人：没错，在成功这条没有标准的道路中，我们可能会经历很多，无论是挫折、困难，还是欢喜、荣誉，这些都是这条路上的重要体验、重要过程，可以说是这条路上最值得回忆的一道风景线。你我都不容错过。

第三个人：在成功的过程当中，我们每一个人的思想、思维、认知都显得尤为重要，因为很多事不是你不会，而是不知道。把握战略方针的大方向，将会成为成功最重要的因素。

第四个人：有思想、有战略、有行动的人，我们往往认为是聪明人。聪明人不一定会走捷径，聪明人不一定会有好的运气，但是聪明人一定有自己的智慧。

第五个人：聪明人大多都有些过人之处，比如过人的推理能力。这种推理能力，我把它更多地看作是一种对未来的推理，是一种前瞻性，具有前瞻性的人往往可以走在事情的前面，也更容易成功。

这5个人两句话的回答就串成了一段有质量的文字。

如果你对自学即兴表达很感兴趣，那么就可以试试这个方法。

以上就是目前有的6种表达扑克牌玩法。每当介绍这个方式的时候，总会有朋友问我表达扑克牌哪里卖。目前市面上没有销售表达扑克牌的渠道，各大平台只销售空白扑克牌，中间的词需要自己查找。大家可以自己制作表达扑克牌。

制作表达扑克牌的方法主要是以下三点流程。

1.购买空白扑克牌或者扑克牌。

2.随便找一篇文章，找出18个动词、18个名词、18个形容词（包括9个褒义，9个贬义）。

3.将找好的词贴在扑克牌上。

这样一套牌就制作完毕了。通过表达扑克牌的游戏，我们可以看到"好即兴玩出来"。当我们玩出好的即兴表达能力时，面对演讲中观众的临时反应，就能够更好地处理突发情况。这也是一种控场的方式，除了表达扑克牌和即兴应景的方法之外，还有没有一种方式也能开心地玩出来？当然有，这种方式就是玩游戏。

5.2.3 玩游戏提高演讲控场能力

把控全场观众互动性、参与度的控场能力除了能够及时做出反应的即兴表达能力之外，还有对现场的把控。对于现场把控的能力怎样能够获得，有一个很快速、不枯燥的方式就是玩游戏。练习游戏可以很好地训练控场能力。

5.2.3.1 控场没那么难！会玩游戏就会控场

会玩游戏就会控场。这里的会玩游戏不是指我们作为参与者的会玩游戏，而是从组织者、游戏主持人的角度。我相信有不少伙伴都看过《王牌对王牌》这个游戏类综艺节目。我们看到节目中每一个明星都玩得很开心。其实我们也可以把这些游戏拿到公司或者学校来，带着同事或者同学一起玩。

当我们将身份从观众切换到活动主持人的时候，会发现一切都不一样了。一般会出现以下 3 个问题。

1. 规则讲解不够清楚。

2. 观众参与度低。

3. 游戏氛围不理想。

造成这些问题的主要原因是我们没有从观众的角度去思考这个游戏应该怎样玩，当我们先换位思考，把自己想成第一次玩这个游戏的人，那可能会有怎样的表现？怎样的问题？这样有利于我们真正地带领观众玩好游戏，达到好玩又活跃气氛的效果吗？

5.2.3.2 你知道游戏也有特性吗？

既然我们说游戏就是控场力，作为游戏操盘手的我们，也要了解游戏当中的"坑"。说到这儿，可能有些伙伴会有疑问，觉得游戏本身不就是个坑嘛，不就是想要观众入坑嘛。没错，这是从观众的角度来说的。

那从操盘手的角度来说,我们在组织游戏的时候,要了解游戏当中的一些特性,以免掉进自己的坑中。

特性一:游戏的唯一性

游戏跟演讲、主持最大的区别就是游戏有唯一性,换句话说,参与者玩过一次就知道规则了,可能就不想玩了。这时候,如何调动这些不想参与的观众就显得非常重要。当然,有些游戏不需要全员参与,我们可以选择配合朋友。但有些游戏需要全员参与,如果一开始就告诉观众这个游戏是什么,有些观众可能玩过,就会产生没意思的心理。

解决方案:上船理论。

既然我们说游戏是希望观众参与从而达到效果,不如用一种方法,让观众一开始就参与。这个方法就是上船理论。先不告诉观众游戏的名字和游戏规则,先做一些有趣的铺垫将观众骗上船来。提前说一下,为了让大家更好地理解,此处的讲解会直接采用5.2.3.3的游戏案例来进行。

比如,你想带大家玩一个"大风吹小风吹"的游戏。不要在最开始告诉大家游戏规则以及名称是什么,上来可以先进行一个铺垫。

"今天先带大家做一个游戏,这个游戏既能锻炼大家的反应能力,又能锻炼大家的体力,还可以锻炼大家对物体的识别能力。"

讲到这里,观众已经开始好奇了,然后我们要配合一个指令性的动作再次增强观众的参与度。"现在大家全体起立,将凳子统一拿到前面来……"

这样先铺垫,再带动观众做动作,这个时候观众已经付出了沉默成本，即使不爱玩游戏，但是觉得既然来了，那就继续下去吧。

特性二："同性相吸"原则

在生活当中，我们是异性相吸。但在游戏中，最开始我们是"同性相吸"，我们来回想一个场景，在一个相对陌生的社交场合，在全然不认识周围人的情况下，大家是愿意坐在同性旁边还是愿意坐在异性旁边？根据调查，大部分人都愿意坐在同性旁边，因为这样更有安全感一些。

我们作为游戏组织者，自然是希望所有人不管参加游戏的男性还是女性都可以没有性别顾虑，像好朋友一样玩在一起。那我们就要注意到"同性相吸"法则，用一些小方法打破性别界限，让大家熟悉起来，让氛围更好。

我们以游戏"股票大赢家"为例，这个俗称"一块五毛"的游戏中的小切换，充分地解除"同性相吸"原则。

这个游戏在玩的时候，一定是人少的一方是"五毛"钱，人多的一方是"一块钱"。

当我们发布口令的时候一定要发布一块五毛、两块五毛、三块五毛……带五毛的口令就会形成"抢"的效果。这样的方式就不会令人少的那一群人显得尴尬，反而能够利用"抢"的效果，让大家快速熟悉起来。

特性三：接触打破陌生

刚才提到"股票大赢家"的游戏能够让大家快速地拉近彼此之间的距离，形成"抢"的形式。通过"抢"，人与人之间有了肢体接触，尴尬的气氛也就打破了。

在生活当中,大家彼此不熟悉的时候,相互握个手就会熟悉很多。玩游戏也是同样的道理,大家都不熟悉的时候"抢"一下,就有了彼此的接触,也会减少尴尬,相互熟悉起来。

了解游戏的个性也是了解人性的一种方式,分析观众的心理活动,并进行小技巧的调整,从而推动游戏更好地进行。

5.2.3.3 演讲,培训常用 4 个控场小游戏

为了更好地帮助大家一起带动观众,我为大家准备了 4 个常用培训小游戏的玩法规则说明,希望大家在自己读懂规则的同时,提前预演游戏,思考游戏可能发生的情况,从而在游戏正式开始的时候达到更好的效果。

1. 老师说

游戏方法:

当有"老师说"的时候,就按照指令进行。没有"老师说"就原地不动。如:老师说向前走一步,就向前走一步。向后退,没有老师说,就不要动。

2. 大风吹

游戏方法:

(1)把比总人数少一把椅子数目的椅子围成一圈。

(2)除了当"鬼"的人以外,其余的人分别坐在不同的椅子上。每把椅子限坐一人。

(3)做"鬼"的人站在中央,他可以随意说大小风吹。如果他说大风吹,他说有 X 的人必须起来换位置。如果说小风吹,则是相反,没有 X 的人起来换位置。换位置时不能持续两人互换或坐回

原位。没抢到位置的人则是新"鬼"。

（4）做"鬼"三次的人则算输，需接受处罚。

举例：

"鬼"：大（小）风吹。

其余的人：吹什么？

"鬼"：吹有戴眼镜的人。（如是大风吹，则是戴眼镜的人起来换，如果小风吹，则是没戴眼镜的人起来换！）

3. 小鸡变人

游戏方法：

（1）让所有人蹲着，扮演鸡蛋。

（2）相互找同伴猜拳，获胜者孵化成小鸡，可以半蹲。

（3）然后小鸡和小鸡猜拳，胜利者变成人，输者退化为小鸡，再跟自己一样的小鸡猜拳，再输，就是鸡蛋，鸡蛋和鸡蛋继续猜。

（4）继续游戏，看看谁是最后一个变成人的。

4. 股票大赢家

游戏方法：

人数：十几个人就可以，人多些更好玩。

人员：一定要有男有女，比例不限。

裁判：一名，负责发号施令。

规则如下：

在游戏中，男生就是一块钱，女生则是五毛钱。

游戏开始前，大家全站在一起，裁判站边上。裁判宣布游戏开始，并喊出一个钱数（比如三块五毛、六块或八块五毛等），裁判一旦喊出钱数，游戏中的人就要在最短的时间内组成那个数的小团队，如果裁判喊出的是三块五毛，那就需要三男一女或七女或一男五女之类的小团队组成。请记住动作要快，因为资源是有限的，人员也很少有机会能平均分配，所以动作慢的人可能会因为少几块或几毛钱而惨败，该出手时就出手，看见五毛（女生）先下手为强；当然动作快的人员不要一味地拉人，有可能裁判叫的是三块五毛，但你们团队里已经变成五块了，这时候你就需要踢人了。

5.3 游戏控场力，学会玩游戏就能调动观众舞台参与感

通过本章的学习，我们了解了演讲中关于控场的规则，在必要的时候可以运用游戏为演讲做更好的互动和铺垫，用你的即兴表达能力掌控住全场。同时，不同类型的游戏，在演讲时的使用效果和目的并不相同。按照效果目的来分，我们把游戏分为两大类：开场游戏和拓展游戏。

1. 开场游戏

开场游戏的主要目的是活跃气氛，在 5.2.3.3 节中的 4 个游戏均属于开场游戏。若演讲中需要一个开场小游戏来烘托气氛，就可以在演讲之前跟观众一起来玩，带动观众参与。

2. 拓展游戏

拓展游戏的主要目的是让观众通过玩游戏来懂得某个道理。这个道理跟演讲的中心思想直接相关。

这种手法在培训当中运用得很多。比如时间管理当中的"拍手"

游戏和"撕纸"游戏，沟通中的"驿站传书"游戏，都属于拓展游戏。其主要目的都是让大家在玩得开心的同时，也能够感受到目的和意义。

游戏备注

（1）拍手游戏

10秒钟能够拍多少下手？10秒钟能够拍100下手吗？

第一步：先问每一个人觉得自己10秒钟能拍多少下手？一般答案在20~30下。

然后，让大家开始拍手。问大家拍了多少次，基本上都会超过一开始的数字。

第二步：教一个拍手技巧，一个手不动另外一个手拍，速度会比较快。再计时10秒钟让大家拍手，再问拍了多少次，通常都会超过上一次。

第三步：问是否相信可以拍到100下？找一组对标文字（10个字）。

看到一个字，手上拍10下，以此类推，拍到第10个字就是100下。

（2）撕纸游戏

请准备一张长条纸，用笔将它画成10份（中间部分刚好每两列一份代表生命中的10年，分别写上10、20等，最左边的空余部分写上"生"字，最右边的空余部分写上"死"字）。

下面我给大家出几个问题，请大家按我提的要求去做。

第一个问题：请问你现在多少岁？（把相应的部分从前面撕掉。）过去的生命是再也回不来了！请彻底撕干净！

第二个问题：请问你想活到多少岁？（如果不想活到 100 岁的话就从后面把那部分撕掉。）

第三个问题：请问你想多少岁退休？（请把相应的退休以后的部分从后面撕下来，不用撕碎，放在桌子上。）

就剩这么长了，这是你可以用来工作的时间。

第四个问题：请问一天 24 小时你会如何分配？

一般人通常是睡觉 8 小时（有人还不止呢！）占了 1/3；吃饭、休息、聊天、摸鱼、看电视、游玩等又占了 1/3；其实真正可以工作的时间约 8 小时，只剩 1/3。

第五个问题：比比看。

请用左手拿起剩下的 1/3，用右手把退休的那一段和刚才撕下的 2/3 加在一起，并请思考一下您要用左手的 1/3 工作赚钱，提供自己另外 2/3 的吃喝玩乐及退休后的生活。

第六个问题：想一想你要赚多少钱、存多少钱才能养活自己上述的日子，这还不包括给父母、子女、配偶的部分！

第七个问题：请问你现在有何感想？

第八个问题：请问你会如何看待你的未来？

你珍惜生命吗？你想在有生之年有所作为吗？生命由分分秒秒的时间所组成，时间管理的本质就是生命管理。

这个游戏的主要目的是让观众感觉到实际上我们在工作中花费的时间很少，要用很少的时间去供养自己的一生甚至照顾一个家庭，这样的话应该怎么做？

如果能够触动观众的话，这个拓展游戏也就成功了。

（3）驿站传书

游戏介绍：全队成员排成一列，每个人这时候就相当于1个驿站，到时候培训师会把带有7位数以内的数字信息卡片交到最后一个人的手中，大家要利用自己的聪明才智把这个数字信息传到最前面伙伴的手中。当这个人收到信息以后，要迅速地举手，并把信息写在纸片上交给最前面的培训师。比赛总共会进行4轮。在信息传递的过程当中我们会有一些规则来约束。

游戏规则：项目开始后，所谓项目开始是指培训师喊开始，信息从后面的人开始传递。

①不能讲话。

②不能回头。

③后面的人任何部位不能超过前面人身体的肩缝横截面以及无限延伸面。（前后标准以最前面的某个物品做参照，比如白板，离白板近则为前，离白板远则为后。）

④当信息传到最前面的人手中时，他要迅速举手示意，并把信息交到白板附近的培训师手中，计时以举手那一刻为截止时间。

⑤不能传递纸条和扔纸条。

本章我们主要侧重于培养即兴表达能力、即兴思维能力、游戏力来提高演讲者的控场能力。我们会发现自己的演讲综合能力已经越来越好了。同时，在演讲当中还有一个问题不容忽视，那就是演讲道具的使用和配合。有时候我们准备好了内容但由于现场道具没办法满足我们的想法和需求而导致演讲大大减分，下一章我们来学习演讲中那些跟道具配合的事儿。

第五章 控场 会互动的演讲者,更受观众喜欢

本章训练 好即兴玩出来

1. 即兴应景训练。分析下列物体的属性/作用,并且造出一个主题句。

(1)冰箱

(2)水杯

(3)空调

(4)地球仪

(5)手机

2. 自己做一副表达扑克牌,找几个好友一起来玩即兴表达扑克牌游戏。

3. 在公司或者学校做一次游戏主持人,带大家玩一次游戏。

本章答疑 为什么我带别人玩游戏的时候气氛总是不够高?

造成这个问题的原因通常有3个。

1. 自己的状态不够兴奋

观众的情绪是需要被调动的。观众跟演讲者非亲非故,并没有义务要参与和配合游戏,这就需要演讲者首先做到热情开心,用自己的情绪感染观众,才有可能很好地调动观众参与。

如果演讲者自己情绪低迷,语音语调低沉,自己不开心就很难

149

要求别人热情洋溢地参与到游戏当中来。

建议：游戏组织者在带领大家玩游戏之前，先调整自己的情绪状态，让自己热情开心起来，才更容易带动别人。

2. 游戏规则讲解不清晰

游戏组织者与游戏参与者，对于游戏的了解程度完全不同。

对于游戏组织者来说，或是亲身体验过游戏，或是看过游戏的文字说明，所以会对游戏的操作方法十分了解。

但对于参与游戏的人来说，他们可能根本没有听说过这个游戏，或是参与感比较低。如果组织者再不将游戏规则讲解清晰，没有玩过的人更是一头雾水，更不想参与。

建议：将游戏规则多熟悉几遍，先跟身边的家人、同事、朋友进行讲解演练，若他们能够听得懂，听众也能够听得懂。玩游戏必有试玩，试玩可以更好地帮助观众了解这个游戏并且提高参与度。

3. 演讲者即兴反应能力弱

大部分游戏玩不热闹的主要原因是在前两点，因为游戏本身具有趣味性，新手演讲者只要自己有热情并且按照游戏规则讲解清楚，即使没有丰富的经验，依然可以将游戏玩得很好。

但游戏也具有随机性，总会有一些意想不到的小情况需要演讲者即兴处理，如果没有办法及时处理现场突发情况，可能会使游戏现场变得"最怕空气突然安静"，这种情况是演讲者最不想看到的。

建议：多玩表达扑克牌，练习即兴反应。多看相关的电视节目，学习电视节目中临场反应能力快的主持人是怎样应对的。最后要多进行记录、总结和练习，并结合自己的风格使用。

第六章

呈现 舞台演讲不用愁，PPT 演讲有诀窍

6.1 用好这些演讲工具，让你的 PPT 演讲准备充分

一个好的演讲，除了演讲者自身的演讲能力需要提高之外，用好演讲的工具也格外重要。因为有的时候，没有善用工具而导致的误差，往往会影响演讲的整体效果。

之前，我刚接触演讲的时候，就曾因为演讲工具准备不充分而翻了车。

大概是 8 年前，我第一次尝试用 PPT 的方式来演讲。当时我精心准备了一个 PPT，也在家里练了大概一周的时间，准备信心满满在演讲中获得大家的认可。

我本以为场地那边会提前准备好 PPT 翻页笔，结果一到现场才知道，只有一个翻页笔，并且还要提供给隔壁的会议。这个时候我就已经开始有点儿不知所措了。

负责人看我这个样子，便提醒我可以找人帮忙在电脑处进行 PPT 的翻页工作，于是临时找了一个人帮我翻页。谁知她也是第一次做这件事情，我们也没有时间彩排磨合，只能硬着头皮上。

当演讲刚一开始的时候，由于我在 PPT 中间插入了很多跟随我

语言进行的动画效果，但是她完全不知道，前两分钟里没有跟上我说话的节奏，现场的效果非常不好。那一次，我竟然因为这个突如其来的情况紧张到结巴。因为我们不默契的配合，我只好"结结巴巴"地完成了这次演讲，自然也无法获得满堂喝彩。

有了这一次"失败"的演讲经历，我才意识到演讲工具的重要性，从那之后，翻页笔我始终会充好电随身携带，以免再出现类似的问题。

通过我的"现身说法"，大家可以感觉到，道具准备不充分可能会给演讲者一种"没有准备充分"的感觉，会对整体的心态有很大的影响，从而导致效果不好，甚至会有更糟糕的感觉。既然我们在一开始提到演讲要做好充足的准备，除了对自己的演讲内容进行充分准备之外，如翻页笔、PPT、投影设备、配乐等演讲工具的准备也必不可少，特别在大型演讲场合中要注意配合使用。

6.1.1 翻页笔的正确打开方式

可能很多人都会觉得我第一个介绍演讲 PPT 的使用，实际上演讲的 PPT 已经是所有 PPT 制作当中最简单的了，我将这最简单的部分放到后边讲解。首先来介绍一下，PPT 的好兄弟——翻页笔。只要有用到 PPT 的地方，基本都需要翻页笔的配合。刚才个人"现身说法"的经历提醒大家，最好自己有一支翻页笔，如果没有，在演讲前需要提前联系会场询问是否准备翻页笔，以免影响整体演讲效果。

1. 翻页笔的结构主要有 4 个部分

（1）开关键

（2）向上翻页

（3）向下翻页

（4）激光笔

激光笔用作重点提示。有些功能更多的翻页笔，会在激光部分做一些很棒的效果，比如点击到某个位置，用放大镜的效果重点突出，其他部分虚化。

2. 翻页笔的应用

翻页笔除了基本的应用功能之外，大部分翻页笔还有一个隐藏功能，叫作暂时关掉。

这个隐藏功能，很多做培训的人非常需要，特别是做演讲培训的。演讲教练们经常会邀请同学们上舞台分享故事，这个时候如果开着PPT，投影仪的光就会照射在同学的脸上，也会让同学们觉得很晃眼。但如果关掉投影仪，等在需要使用PPT的时候，还需要重启，这样反反复复很麻烦。

这就需要使用到翻页笔的隐藏功能。长按"向下"这个箭头，2秒左右就可以让投影仪暂时关闭，若想要恢复投影，随便按一下翻页笔或者电脑键盘就可以。

同时要注意的是，如果要使用这个翻页笔的隐藏功能，必须要将电脑的打字法切换到英文打字，才可以正常使用。

3. 翻页笔的使用节奏：人笔一体的协调配合

大部分人在使用PPT时的翻页节奏是有误差的，基本上都是翻一页，讲一页。

但真正好的演讲者，是当声音出来的时候PPT已经翻到这一页了。这个现象叫作人笔一体，只有对自己的讲解和PPT的内容足够熟悉才能够做到。

比如罗振宇的跨年演讲，每次都是当他说到一个人或者一本书的时候，后面的PPT同时翻好。虽然罗振宇并非自己翻页，但不自己翻页对演讲者和团队的要求更高。所以每年罗振宇准备跨年演讲至少需要3个月的时间。

除了内容之外，还要反复地在舞台上预演，反复与团队配合。

经验丰富的演讲者都知道，在做重要演讲时，类似于像翻页笔这样的道具，能自己带就自己带，但总有一些东西我们没办法自己带去现场，那就要在演讲开始之前留出充足的时间跟主办方沟通以及实地考察彩排，让道具之间的配合不出差错。

6.1.2 提前测试现场的投影、电脑，为你的精彩演讲铺路

1. 投影

只要演讲运用到PPT，就会涉及投影仪的使用。每一个地方的投影设备也并不是完全相同的。比如，之前有一次我到银行做演讲和思维逻辑方面的培训。银行的投影设备跟一般我们在家里的投影设备版本完全不一样。

所以，到不同的地方做演讲时，最好提前一天到场进行彩排，看一下相关设备是否可以自行操作。如果不能自行操作，抓紧时间联系相关人员，熟悉操作方法。

2. 电脑

播放 PPT 的载体是除了手机之外当代每一位职场人士必不可少的办公用具——电脑。

去其他地方做演讲，我们往往要和对方沟通是否需要自己带电脑。有些地方是提供电脑的，演讲者只需要带 U 盘就可以了。有些地方是没有电脑的，需要演讲者自己带着电脑。

我个人比较喜欢自己带电脑，因为如果只带 U 盘，有时候会发生对方电脑不识别等一系列的事情。

如果带自己的电脑前去演讲，要注意到以下 3 个小细节。

（1）了解对方投影仪接口是哪一种

每个公司的投影仪不一样，同时接口也并不完全相同。现在比较新的是 Tape-C 接口。

如果事先没有做好接口的调查，只带电脑去也会比较麻烦。我一般会给电脑外接一个转换头，目前所有的转接口都有，以备不时之需。

（2）电脑内部设置

有的时候我们发现，投影仪是完全好用的，但是接上接口还是没有办法投上，这是为什么？

这是由于我们电脑内部的投屏设置没有调整到"复制"，也就是既在电脑上显示，也在投影上显示。

当然，如果在课间想调整一下 PPT 的内容，也可以将设置调整为"只在 1 显示"，也就是只能自己看到。

（3）音频线与电脑相连

有的时候我们会发现投影是可以连接上了，但是音频线无法连接电脑。有可能是设置没有进行选取和调整，在电脑设置中进行调整即可。

如果设置之后还是不行，最好联系场地相关人员立即换一台电脑来进行。

如果没有人能处理这个情况，在演讲场地不是特别大的情况下，可以采取投影仪的音频播放，用遥控器来进行投影仪的音量调整，声音也可以覆盖 50 人左右的会场。

6.1.3 演讲灯光配合，让你成为舞台的绝对焦点

在大型演讲会场（商演、路演、演讲大赛、百人以上会议培训等）进行演讲时，除了要考虑到翻页笔、电脑、投影仪之外，灯光也非常重要。

好的灯光配合更能够增加观众听演讲时的视觉感受，为你的演讲加分。

1. 大型演讲的灯光配合

当年柴静的《穹顶之下》那 100 分钟演讲，令我们印象深刻。当时现场灯光的配合也让人留下了很深的印象。

比如：其中有一段提道："什么是雾霾"，柴静为了解释雾霾的存在，舞台灯光先是由亮转暗，只从最顶端打出一束光。即使隔着屏幕，我们也可以很清晰地看到空气中飘起来的灰尘。

"雾霾就在这中间，但我们肉眼看不见。"柴静随后说道。

这一段视频令我印象深刻，灯光的配合，让我们看见灰尘的同

时，自行脑补雾霾的画面，对雾霾的印象更加深刻。

如果我们的大型演讲需要灯光配合的时候，要在准备稿件的同时，想好需要灯光配合的时机，提前到现场与灯光师进行沟通、彩排，以达到演讲时灯光配合的理想效果。

2. 大型演讲的走位配合

在演讲中演讲者的走位也显得尤为重要。

根据不同的场地，演讲者要配合稍有不同的走位形式。大致情况分为以下两种。

（1）独立大屏

大部分的场地都会采用独立大屏。采用独立大屏时要注意屏高，屏幕上的字若超过演讲者身高，可以站在中间进行演讲，伴随着适当顾及观众的走位就可以。

若屏幕的字没有超过演讲者身高，此时需要演讲者在讲解 PPT 时，站在屏幕的侧边进行演讲，以免挡住 PPT 上的字。

（2）两边分屏

有一些场地，两边分别都有一个屏幕，中间没有屏幕，这样就正常站在场地中间进行演讲伴随适当走动就可以。

3. 大型演讲的走位顾及观众

在前面多次提到"适当走动"顾及观众，这个主要是在大型场地，观众的座位基本呈三面环绕舞台，并且有时设有二楼，这就要求演讲者顾及三面的观众以及二楼的观众。不要长时间地在中间点站定，要适当地走动，照顾左右两边的观众。

演讲者需要多与中后区的观众进行眼神交流，让后面的观众感受到演讲者的关注。

6.1.4 好的音乐为你的演讲加分

在《超级演说家》《我是演说家》的舞台上,我们在欣赏优秀演讲者演讲的同时,还会被背景音乐深深吸引。

找一个适合的配乐会为演讲增色不少。观众会跟随着你说话的起伏和音乐的节奏来体会你在演讲当中要传递的喜怒哀乐。

怎样找到一个合适的音乐呢?这就需要有个"演讲音乐库"。听到一个好的音乐,就把它下载储存下来。我个人更倾向建立自己的"演讲乐库",最好是下载下来或者放到U盘、百度网盘储存起来。

因为现在的音乐播放器,如果没有会员的话,今天这首歌可以用,明天就会因为版权问题使用不了了。

同时,要将你的"演讲音乐库"进行音乐分类,哪些是激情澎湃的、哪些是舒缓的、哪些是欢快的……这样会更好地便于以后使用。

场地的工具问题——检查彩排之后,我们来讲一讲演讲者如何跟自己的PPT达到"P人合一"。

6.2 如何制作一个不错的演讲PPT

很多人都因为演讲PPT不够好而失去了职业发展机会,演讲使用怎样的PPT比较好?

演讲PPT是我认为在众多PPT制作当中最简单的之一,因为演讲主要靠演讲者来讲，而 PPT 更多的是辅助项、加分项。所以，只要演讲 PPT 做得别太差，都不至于为演讲减分。

什么样的演讲 PPT 比较好？

1. 字少、简洁、有贴合演讲内容配图的 PPT 比较好

（1）字多则看字不看人

演讲 PPT 往往也困惑了很多人。有很多演讲者担心自己记不住内容，几乎将内容详尽地罗列在 PPT 上。这样导致本来能记住也不记了，过于依赖 PPT，演讲就变成读 PPT 了，对整个演讲没有任何帮助，反而会减分。

除此之外，即使能够记住内容，也不要在 PPT 上放大量的字，否则观众一定会看字，而忽略演讲者到底在讲什么。

（2）复杂的图解，观众有负担

有些演讲者会放一些复杂的图表在 PPT 上，观众一看就非常有负担，更别说继续看下去或者听下去了。

（3）有贴合内容配图的 PPT 更受欢迎

有时有贴合内容配图的 PPT，往往能够起到加深印象，甚至幽默的效果。

如果大家关注罗振宇老师跨年演讲的 PPT，就会发现它非常简单、简洁，字也非常少。配图都很贴切，要么就是书籍图片，要么就是作者图片，这样让人一目了然。观众看了不会在 PPT 上停留太长时间，看一眼就会接着听演讲者表达。

2. 演讲 PPT 注意细节

（1）字号：32 号以上

PPT上的字号不宜过小，否则观众看起来会很辛苦，而且越看不见越着急，越着急就越想看。

（2）字体：微软雅黑

大部分的情况下，我们都会选择微软雅黑字体，因为这个字体给人的感觉相对比较大气而且几乎所有的电脑都有。如果使用自己电脑特有的字体，演讲时一旦用主办方的电脑，没有这个特定的字体，也会影响到演讲状态。

准备得越万无一失，就越有信心，尽量全面地想好可能发生的情况。

当然并不是100%的演讲都需要用微软雅黑字体，也有例外。比如今天你要做一个跟历史有关的演讲，可以适当地采取一些古风类的字体也很好，更贴合自己的演讲主题。

（3）排版：最好不超过3行

字的排版最好不要超过3行，否则观众就会有字太多了的视觉疲劳。

3. 善用互联网PPT工具

制作PPT时我们可以选取更快捷的方式，下载现成的PPT模板。网上资源无穷无尽，直接换内容稍做调整就可以使用。这个方法比较快速简单。

这些PPT的注意事项可以更好地帮助我们，让我们的演讲顺利进行下去。当我们与PPT达到"P人合一"的时候，那大家已经是优秀的演讲者了。

6.3 "P人合一"让你的演讲汇报脱颖而出

本书在第三章讲解了3个逻辑公式,在第六章的前两节也对演讲工具的配合使用和演讲 PPT 的制作进行了简单介绍。本节我来讲解一个商务演讲的重要公式以及这个公式在 PPT 上的运用。

在职场当中,大家也会遇到公司的路演、商务演讲、宣讲会。在这些跟公司业绩、命运相关联的重要演讲场合,怎样更好地突出公司的优势、产品的特性,让观众为之买单就显得格外重要。

通过分析一些知名企业如华为、麦肯锡等公司的 PPT,我们可以发现这些公司成功宣讲的背后,都遵循了这样一个公式来进行讲解,叫 BAF(E)(E)公式。

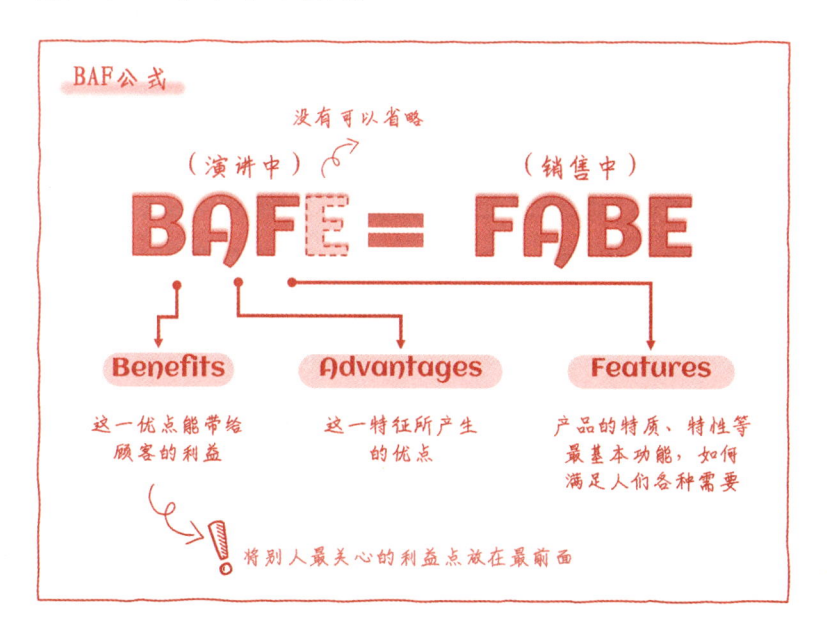

BAF公式

（演讲中） 没有可以省略 （销售中）

BAFE = FABE

Benefits — 这一优点能带给顾客的利益

Advantages — 这一特征所产生的优点

Features — 产品的特质、特性等最基本功能,如何满足人们各种需要

将别人最关心的利益点放在最前面

BAF（E）（E）公式可以帮助我们最大限度地突出对方所关注的利益点、自己公司或产品优势，以抓住合作机会。

1. 销售中的 FABE 法则

但凡对销售有了解和调查的人一定都听过一个销售法则叫：FABE 法则。FABE 模式是由美国奥克拉荷大学企业管理博士、中国台湾地区中兴大学商学院院长郭昆漠总结出来的。FABE 推销法是非常典型的利益推销法，而且是非常具体、有高度、可操作性很强的利益推销法。它通过 4 个关键环节，极为巧妙地处理了顾客关心的问题，从而顺利地实现产品的销售。

F 代表特征（Features）：产品的特质、特性等最基本功能，以及它是如何用来满足我们的各种需要的。

A 代表由这一特征所产生的优点（Advantages）：（F）所列的商品特性究竟发挥了什么功能？向顾客证明购买的理由：同类产品相比较，列出比较优势，或者列出这个产品独特的地方。

B 代表这一优点能带给顾客的利益（Benefits）：（A）商品的优势带给顾客的好处。利益推销已成为推销的主流理念，一切以顾客利益为中心，通过强调顾客得到的利益、好处来激发顾客的购买欲望。

E 代表证据（Evidence）：包括技术报告、顾客来信、报刊文章、照片、示范等，通过现场展示相关证明文件、品牌来印证刚才的一系列介绍。

我们可以按照 FABE 销售法则来进行一次销售。

F：我们这款冰箱有冷藏和冷冻两个主要功能，而且是三开门冰箱。

（用 F 进行基本功能介绍。注意，基本功能并不是产品优势，而是这个物品本身就具有的功能。就像所有的冰箱都有冷藏和冷冻两个功能一样。）

A：除此之外，我们的冰箱有一个很大的优势就是省电。一般的三开门冰箱平均每天耗电 2 度左右，而这款冰箱平均耗电只有 1 度左右。

（用 A 来介绍产品的核心优势。）

B：省电就是省钱，1 天省 1 度电，相当于至少每天省 5 毛钱，那 365 天就省了将近 200 元钱，很划算。

（用 B 帮顾客直接算出与他最直接的利益点，让顾客一目了然。）

E：您看这是我今天上午的冰箱销量，这款在早上已经卖出 5 台了，很抢手。

（用 E 来证明很多人都在买或者很多人都关注这款产品，从而促使用户立即购买。）

这是在日常中销售人员使用的 FABE 销售法则，也是 BAF（E）公式的起源。通过 FABE 法则，我们来了解 FABE 每一个字母的意思和具体的使用，以更好地理解 BAF（E）公式。

2.BAF（E）公式

BAF（E）（E）公式中的三个字母意思与 FABE 的中的字母意思完全相同。只是在使用中，顺序有所调整，并且对 E 的部分不做强制要求，根据情况进行添加。

根据冰箱案例，可以发现在面对面的销售当中，只要按照

FABE法则的正常顺序进行销售就可以。但是在演讲当中或者单独上交一个投标书的时候，FABE的正常顺序起到的效果并不理想。

因为用户往往没有耐心听我们讲到B（利益点）的地方，在那之前就已经失去了耐心。受标方没有耐心在厚厚的标书中寻找B（利益点）。所以，需要一开始就告诉观众，最直接能够给观众带来的利益是什么、我们产品的优势是什么、基本功能是什么。听到后面，观众的注意力是否集中已经没有那么重要了，因为在开始的利益点已经可以深深地吸引他们。

所以，在开路演、商演、宣讲时，前面不要铺垫那么多没有用的信息，直接用用户最关心的利益点来打动他们，然后再进行详细讲解。这样顺序就变成了BAF（E）（E）。

E的地方可以省略，如果有成功的案例可以使用，如果没有（新开发的项目、产品往往缺少市场证据）就省略不说。

符合BAF（E）（E）标准的表达方式以及PPT演示方式，最重要的部分就是将别人最关心的利益点放在最前面。能够将受众的关注点立即抓住并且更好地引导受众继续听下去，从而达到商务演讲直击目标的效果。

本章训练 用BAF（E）（E）法进行一次演讲PPT工作汇报

对于目前没有商务性质演讲的人来说，在公司的工作汇报上依然可以使用 BAF（E）（E）来抓住领导的眼球。同样重点在"B"上，让领导知道，我们这一年为公司创造的利益点是什么？为公司做出的贡献是什么？取得了哪些进步？

领导只需要通过你的 PPT 标题就可以得知答案，即使中途有事情出去接电话，也依然会对我们的工作汇报印象深刻。

本节课的训练内容：结合自己的工作情况用 BAF（E）（E）法进行一次演讲 PPT 工作汇报。

侧重点在于用 BAF（E）（E）的方法来梳理演讲思路，以及第一句话在 PPT 上的呈现。

本章答疑 为什么我做不好 PPT 演讲？

答：做不好 PPT 演讲的因素大致分为三类：

1. 内容准备不充分

如果内容准备不充分，再好的舞台、灯光也无法拯救演讲者。按照 BAF（E）（E）的方法或者第三章提到的逻辑公式准备自己的演讲内容。最好多次在场地进行预演，从而达到准备相对充分，做到心中有数。

2. 场地工具使用、配合不顺畅

到场地现场可能还是会有突发情况出现，比如话筒临时不好用，停电等意外情况。如果出现了这类情况不要慌，根据自己临场的反应和主办方的安排来进行。并且意外也不一定是坏事，也许会是个好事。

在 2019 年 7 月的一期《超级演说家》中，在一个演讲者表达到高潮的时候，现场突然断电了。这个大意外对演讲者的影响是很大的。观众和评委很有可能忘记他之前所有的内容，演讲者自己也有可能忘记内容、心态崩溃……有太多太多的可能。

但这个小伙子在电力恢复之后，用自己很强的即兴反应以及情怀，没有按照原来的稿子进行演讲，而是即兴添加了内容。这份真挚的情感打动了评委，最终顺利晋级。

3. 容易受到观众影响

有很多演讲者会因为观众在台下接电话、来回走动、睡觉、交头接耳、皱眉头而受影响，怀疑跟自己讲得不好有关系。因为观众的这些反应觉得自己讲得不好，从而过度地在意观众的反应，导致自己越讲越没有自信。

但实际上，观众都不是因为演讲者而产生这样的动作。可能是因为真的有重要电话要接，昨天晚上凌晨 3 点才睡觉，突然想到一个好玩的事儿或者感觉这个演讲者讲得不错而跟周围的人交流一下……

不要因为这些跟自己毫无关系的观众反应而影响了自己的发挥。所以我在一开始就建议各位演讲者，站在舞台上的那一刻，我们就是主宰！不要想别人，讲完就好！

到本章为止，我们已经从演讲的自信入手，到帮助大家搭建自己的演讲内容，拥有更好个人气场以及控场能力，再到与演讲工具的配合呈现。毫不夸张地说，只要掌握了上述能力，我们绝对可以做一个完整的演讲了。但是，因为经验的欠缺，可能我们不能在所有场合都能够轻车熟路地使用这些方法技巧。为此，我在第七章中，运用之前讲过的演讲技巧，结合大部分人可能会遇到的场合，进行了不同场合下的演讲技巧应用，来帮助大家更好地应对不同场合的演讲需求。

第七章

应用 在不同场合熟练运用演讲技巧，才是个人影响力的真正开始

当我们树立了正确的演讲认知，具备良好的肢体动作和语音语调，表达充满逻辑和重点，能够快速对观众的种种反应进行及时反馈时，恭喜大家已经成长为一名优秀的演讲者。

而要作为一名优秀又成熟的演讲者，不仅仅要有好的舞台展现和观点表达，更要能在不同的场合熟练运用书中的演讲技巧，这才是优秀演讲者个人影响力的真正开始。

如果我们熟练运用即兴演讲技巧进行工作汇报时，会快速地让领导了解我们的工作成果，体现工作能力。

如果我们熟练运用即兴演讲技巧参加年会分享时，会让公司更多的人认识我们，记住我们。

如果我们熟练运用即兴演讲技巧进行路演招标时，会让更多的客户真正了解我们，更加青睐我们！

来吧，优秀的演讲者们，熟练运用即兴演讲技巧，在不同场合中发挥个人影响力，这是从 0 到 1 的演讲之路上重要的进阶阶段。

7.1 用精彩的工作汇报演讲获得更多晋升机会，让领导体会到你的工作能力

好的工作汇报不仅可以将自己的工作进行有效梳理和总结，更重要的是，可以让领导最直接地了解你的工作能力、表达能力。毕竟在职场当中，很难一次性同时见到很多个领导。工作汇报就是难能可贵的机会。如何在做工作汇报时脱颖而出？可以从以下三点入手。

1. 心态上：惧怕领导？不，只是说给领导听

在职场当中，有一部分人平时的表达能力很不错，部门内部开例会也能够公众演讲，但是只要是稍微正式一些的大型场合，有多个领导在下面听汇报，整个人就不好了，不知道怎么讲，会很紧张。

第七章　应用　在不同场合熟练运用演讲技巧，才是个人影响力的真正开始

究其原因，很多人认为领导很厉害，在领导面前说话，或担心自己说不好，或担心被领导看穿，或看到领导严肃的表情就无法进行下去。

不要怕，作为汇报人、演讲者要清楚，每一次在舞台上说话的目的是什么。工作汇报的主要目的就是告诉领导和同事，我这一年的工作成果、收获、计划是什么，只是一种告知性的演讲汇报。

对于领导而言，这只是一个一年一度的了解员工工作的会议。对于同事而言，很多同事可能都在考虑自己应该怎样汇报，可能也不会理会你的汇报到底怎样。就算是有认真听的，也只是听听而已。

所以，从心态上来说，只需要告诉自己，我只是把我一年的工作情况讲给领导听。保持平常心是绝大部分事情取胜的关键因素。

牢记：只是说给领导听！

2. 肢体上：自然才是真的你

在做工作汇报的时候，肢体动作是否要跟我们前面说的一样，尽可能多？在这里我的建议是，不必太过于刻意。如果太刻意，可能会忘记自己的内容是什么，毕竟工作汇报、工作总结还是一个很重视内容的会议。

只要自己觉得自然、舒服的手势动作就可以。因为感觉舒服、自然的才是真实的自己，这样我们才能发挥出自己最好的水平。

3. 语言技巧上：重要的事情一定要提前说

还记得"逻辑篇"中提到的重要性顺序和"呈现篇"提到的BAF（E）（E）公式吗？这两个小节都是告诉我们要把最重要的事情提前说，要把对方最关心的事情提前说，工作汇报也不例外。

在王琳老师的《结构性思维》这本书中提到：结论需要提前说。把最重要的一句话放在最前面，让别人一目了然。

之前，有位朋友在交建集团工作，有一天一脸苦恼地找我，说公司主管让她写一个建议书，主要目的是希望 HR 部门帮忙招聘一些有经验的员工，否则他们的一些项目会受到很大影响。

但是这个建议书她写了三遍，领导还是不满意。领导只说了不满意，但是也没有告诉她怎么调整，所以她很迷茫，不知道如何调整才能够达标。

我看了一下她的建议书，用了 20 分钟左右的时间将所有段落提炼总结。

她将我调整过的版本提交后，领导非常满意，直接通过。

案例

原标题：××分公司严重缺员的困境及对策建议。

修改后标题：增强人才建设，推动公司业务项目正常运转。

我并没有将内容进行任何调整，花 20 分钟就做了一件事，就是"重要的事情提前说"。

在做工作汇报的时候，将重要的事情提前说，保持平常心态，用自然放松的肢体动作来表达自己的内容，就会为你的工作汇报加分，更好地展现自己，让领导通过工作汇报认识你、了解你，甚至重用你。

第七章 应用 在不同场合熟练运用演讲技巧，才是个人影响力的真正开始

7.2 在公司的演讲大会上脱颖而出，让领导更加青睐你

现在越来越多的公司开始注重当众演讲，甚至有些公司还特意设立一些演讲比赛。如果大家抓住公司举办活动的机会，对自己的职场生涯会有很大的转机。

记得在六七年前，某银行分行联系到我们，希望能够给他们二十几位年轻员工做两天演讲培训，他们要参加全国体系内的演讲比赛。随后，我们就开始了培训。

在培训中，我实在是好奇，就问了当时银行带队培训的负责人，为什么突然让这么多员工都来学习演讲？我们展开了下面的对话。

我："王总，您好。我实在是好奇，想问问您，只是参加公司内部组织的一个演讲比赛而已，这次为什么要这么重视？带这么多人来学习？这些同事全部参加这次比赛吗？"

王总："这一次确实不同，之前我们的比赛只是走走形式，大家读读稿子就算了。这一次上级下达指示，要求所有人全部脱稿，并且强调大家要重视起来。而且这种比赛之后可能要成为常态，也不一定一年只有一次了，可能会有 2～3 次。这二十几个人是我们公司最年轻的一批员工，让他们都来学习一下，从中筛选出几个比较不错的参加比赛。"

我："那被选中的参加演讲比赛的同事，如果比赛获得了不错的成绩，对他们的工作有影响吗？"

王总："当然有影响，如果能拿到名次，以后就单独负责演讲

这个板块的工作内容了。"

直到这一刻我才意识到，原来演讲可以帮助大家在职场抓住更多机会。在演讲大赛上脱颖而出，获得领导青睐，也是我们展现自己能力的重要机会。

7.3 在公司的年会分享中引人注目，让大家都记住你

公司年会分享同样也是能够展现自己工作之外另一个的好机会，也可以让更多公司的领导和同事认识你。如何在公司年会分享中更加引人注目呢？要做到以下两点。

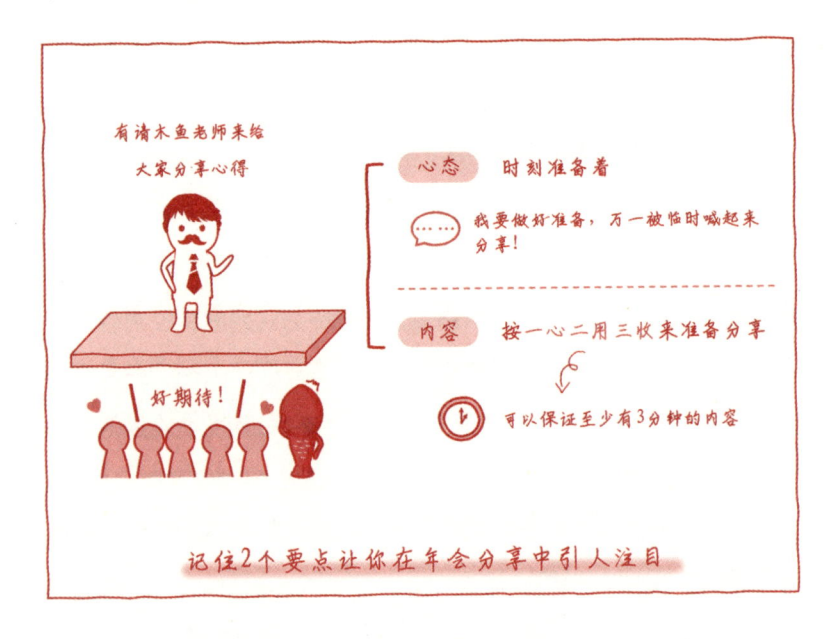

第七章　应用　在不同场合熟练运用演讲技巧，才是个人影响力的真正开始

1. 心态上：时刻准备着

不论这次年会是否提前通知你要分享，在心态上大家都要做好被临时叫起来分享的准备。以免真的被临时邀请分享时，即使有内容，但由于太突然，反而什么都说不出来。

换个方向说，当我们在心态上做好了要分享的准备时，也有很大概率上会真的被邀请分享。这就是吸引力法则。

2. 内容上：按照"一心二用三收"来准备

当我们做好心态上准备的时候，要从自己这一整年的工作中挑选一个重点词，按照"逻辑篇"一心二用三收的公式来进行分享，就可以保证即兴演讲时间至少有 3 分钟。

比如，领导会这样邀请我们："这一整年，最辛苦的部门就是销售部门了，这个部门为我们带来了业绩的新高，下面有请销售部的总监来分享一下。"

这个时候的邀请，可能完全是随机的、临时的，领导没有提前通知的。我们可以围绕某一个词来进行分享。

今年我们之所以能够在如此困难的行业大环境下，依然保持业绩增长，是因为领导的支持和各部门的团结协作。

大家还记得年初的疫情给各行各业带来的冲击吗？其实我们也是一个严重受到冲击的企业。当我发现线上是一个好的趋势时，马上跟王总申请，快速开启线上模式。本以为这件事情的推动会需要很长的周期，结果没想到在王总的鼎力支持下，这个原本需半年时间完成的事情缩减到 1 个月就完成了。我们的线上创收正式开始。

再次感谢领导的支持和带领！

同时，也感谢其他各部门小伙伴对我们销售部门的支持。财务部在流程上给了我们最大的便利，人事部帮我们招聘到了很多人才，后勤部在后方给我们提供了保障。我们销售部门的各位同人为了工作也不辞辛苦地加班加点，达成自己的目标。

能够收获今天的成绩，我觉得完全是大家的功劳，再次感谢大家的支持和配合。

最后，我希望公司能够业绩不断增长，各位同事能够在公司共同成长，事事顺心，谢谢大家。

保持良好的心态并适当运用演讲技巧，是即兴分享的核心要素。只要我们能平稳完整地表达出来，演讲就已经成功了。

7.4 在公司的路演中增强说服力，让投资商更信赖你

很多演讲者代表公司参加一些路演来推广公司的经营理念或者新产品，让投资商更好地了解自己公司的产品。

但演讲者在路演中往往由于说服力不足而无法获得投资商的信任。主要原因是路演演讲者的表达过于单一，导致内容千篇一律，而并没有结合自身的情况来进行讲解，往往让投资商听了觉得没重点，没特色。

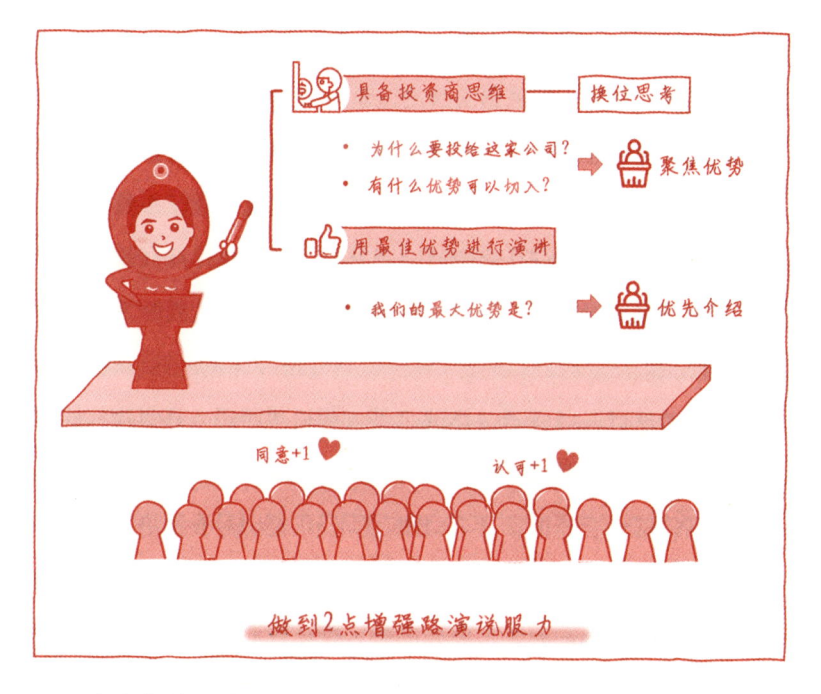

第七章 应用 在不同场合熟练运用演讲技巧，才是个人影响力的真正开始

路演中增强说服力要做到以下两点。

1. 具备投资商思维

如果我们是投资商，更倾向于投资给怎样的企业？如果让投资商投给我们公司，我们应该体现怎样的优势？这些优势是否真的是我们的优势？

在沟通当中换位思考很重要，在演讲当中观众思维很重要，在路演当中具备投资商思维很重要。投资商虽然有资金，但现在投资标的这么多，为什么要投我们公司而不选择其他公司？这就需要演讲者在路演中极大程度地用投资商思维去思考。如果我是投资商，为什么我要投给这家公司？是行业优势，还是产品优势，抑或是团

177

队优势？想好一个最适合的切入点进行讲解。

2. 用最佳优势进行演讲

这一点要格外注意，很多演讲者在进行路演演讲时都会将公司介绍放到第一个板块。但其实不然，如果公司成立时间不长、团队初创成员名气不大，在路演中第一个介绍公司团队，投资人会认为这个团队实力不如昨天看到的团队。毕竟投资在很大程度上需要看人的因素。

如果给投资人留下了这样的印象，不论项目多么有创意，成功的概率也会大大减小。

所以，首先要分析自己公司跟其他公司相比最大优势是什么？如果是产品本身，就先结合市场中的痛点将产品率先提出来。如果该产品在市面上已经有了，但公司的优势是打造产业链，也可以先讲解公司理念。若公司团队成员本身就是优势，当然可以直接先介绍团队成员。

7.5 在公司的宣讲会上讲解清楚，突出产品优势，让客户有消费欲望

在公司宣讲会的时候，很多人都有误区，往往让员工按照他们的模板进行背诵。但往往模板本身就有问题，跟路演的情况很像，分别介绍公司、团队、公司理念、产品来源等。如果是路演投资商有可能会感兴趣。但对于普通用户来说，根本不关心这些。

所以我们要具备用户思维，用户在购买或者使用产品时最在意

第七章 应用 在不同场合熟练运用演讲技巧，才是个人影响力的真正开始

什么？在意这些产品是否能够解决他们的痛点。所以从一开始就应当采用我们在"逻辑篇"所提到的 PRM 模型。

先提出用户在日常生活中的一些问题，分析原因，给出解决方案。通过这个方式来引起观众的兴趣，然后再告诉观众，为什么我们的产品可以解决这个问题，因为我们背后有强大的技术团队的支持，这样可以顺利地衔接到公司团队的部分。而不是在最开始讲一些用户完全不知道、不关心的人和事。

只有讲用户真正关心的问题时，我们的演讲才会真正发挥作用。在演讲结束后，才能够让产品深入人心，甚至达到快速成交的目的。即使需求较低的客户，也会对产品和演讲者本人有很深的印象。当有一天用户的需求变强时，会第一个找到那个印象深刻的人和公司来进行咨询。

本章训练 用你的演讲影响身边更多的人

其实演讲的结束才是真正的开始，因为通过演讲，让更多的人了解到了你、公司和公司产品等。无论本书介绍了多少种能够让你掌握的演讲技巧和方法，如果不进行刻意练习，还是很难真正融会贯通的。所以，请从这一刻开始进行演讲吧。让我们的演讲影响到更多的人，哪怕只从 30 秒的自我介绍开始。

本章答疑❓ 为什么我总是不能将公司新产品给客户讲解明白？

答：一般情况下主要原因有以下三点。

1. 对产品不熟悉

如果演讲者对产品本身的功能性质都不熟悉，是很难讲清楚说明白的，所以熟悉产品特性和属性是第一步。

2. 不知道如何进行讲解

前面我们提到过 FABE 的销售模型，按照这个模型进行讲解都能够突出产品特点，让顾客了解产品。

3. 用户要什么给什么，不要把全部信息都给他

很多人没办法给用户讲清楚是因为在进行产品话术的背诵，只是将所有的内容一股脑儿地给了用户，让用户自己去分辨到底哪些是自己需要的，哪些是不需要的。这样的讲解没有任何的意义。

比如，我们公司有一款产品是 54 张扑克牌。

当 A 客户说：我要 10。我们就要给用户 4 个 10。

当 B 客户说：我要黑色。我们就要给用户黑色的牌。

当 C 客户说：我要 18。我们应该给什么呢？

千万不要说我们公司没有 18 这个产品。18 这个产品可以是 10+8，9+9，5+5+4+4……公司不仅有这个产品而且还有很多种方案。

那么反过来看 A 客户需要 4 个 10，就不能只给 4 个 10。因为能够组合成 10 的产品有很多种方案。

第七章　应用　在不同场合熟练运用演讲技巧，才是个人影响力的真正开始

演讲者要从用户的需求入手进行产品方案的提供和匹配，而不是将所有的产品都给用户，让用户自己选择。通常用户都无法选择，因为他们一听到这么多信息就已经晕头转向了。

后记：
于木鱼的从 0 到 1 的即兴演讲之路

每一个普通人都可以学会即兴演讲，因为我就是普通人。

退伍后迷茫但不迷失

2011 年 11 月 25 日，我退伍了。那个时候的我很迷茫，并不知道应该做些什么。只能等待国家分配工作，甚至在家里待业了一段时间。随后，进入一家国企工作。那一份国企的工作，我去的第一天就看到了自己 20 年以后的样子。但那个时候迷茫的我没有任何办法，只能在心底告诉自己："不，我不能这样。"现在想来，那个时候虽然迷茫，但是我并不迷失。也正是因为这种不迷失的内心，让我看到了可以改变的机会。

表哥是表率

随后在一次家庭聚会上，我惊奇地看到了表哥的蜕变。

之前每次家庭聚会，表哥就像是一个"透明人"，少言寡语，即使说话，我们也听不清楚。现在想来应该是口腔没有打开，简单来说就是懒得张嘴说话。

但这一次家庭聚会，他竟然侃侃而谈，并且已经成为一名出色的婚礼主持人，一年主持的婚礼有30场，整个人也自信了很多。用"脱胎换骨"来形容都不为过。

那天就连说话冷冷的父亲都跟我说："你看你哥都能成长，你得抓紧，你还这么差劲！"

虽然父亲的话难听，但也并非没有一点道理。表哥的蜕变真的令人惊叹。于是在表哥的推荐下，我去学习了当众演讲。

演讲小白也可以成为即兴演讲达人

还记得我第一次见到老师时，她让我准备一个5分钟的即兴演讲。作为一个什么都不懂的小白，完全是丈二和尚摸不着头脑。

我说："我还不会演讲啊！"

老师："没关系，主要就是让大家认识一下你，讲多讲少都可以，开口才是最重要的。"

我："那好吧，我试试。"

那个周末，我第一次站在了舞台上，跟所有初登舞台之人一样，我能够感受到自己的腿在抖、手心出汗、面红耳赤，心脏都快要跳出来了。就在这时，我看到了老师温柔的微笑和信任的点头。我硬着头皮，把之前准备的东西一口气讲完了。虽然到今天我早已不记得当时讲了什么内容，但我依然可以清晰地记得那种感觉，那种想逃离舞台的感觉。

正当我以为一定会被大家"嘘"下去的时候，令人意外的是，台下响起了雷鸣般的掌声。那是我第一次感受到被认可,那是我第一次体会到舞台的魅力,那是我第一次开始真正爱上即兴演讲。从那一次开始,我对演讲的喜爱变得一发不可收拾。

我甚至每时每刻都在想演讲,走路在想、上班工作的时候在想、打开电脑、手机的时候就开始寻找素材,甚至连洗澡的时候都在思考如何讲好一个话题。

当我认为自己准备得差不多了的时候,我就开始对着镜子讲、对着桌子讲、对着床讲,好似它们都是活生生的生命一样,好似它们能够给我回应一般。就这样,由于我的充分准备,大概3个月的时间,我就获得了优秀学员的称号。

这时我真正完成了从一个演讲小白到即兴演讲达人的蜕变。遇到任何一个话题,我都可以很快地处理。

将热爱变成职业

演讲给了我更多的自信,也让我知道了自己可以有更多的可能。随后,一次很偶然的机会,我得知自己可以跟老师一样成为一名演讲培训师。于是,我跟老师表达了自己想成为一名演讲培训师的想法。在这件事情上,我表现出了极大的热情和坚定。

终于老师同意了。在那一年夏天,我成为老师的助教。

助教的工作也并不轻松,从开场到练习再到点评,每一个环节都练到了极致。最难的就是点评,因为老师对我的要求很高,必须要给出同学们最全面、最有针对性的反馈。就这样坚持不懈地练习了两年时间。

  终于有一天，老师跟我说："小于，从明天开始你可以讲课了。"

  那种喜悦，可能是近 10 年来，除了出书以外最令我兴奋的时刻了。

  就这样，我的培训之路正式开始了。将热爱变成自己的职业，就会变成每天热爱，每天开心。当我看到还在为即兴演讲苦恼的你时，我会毫不犹豫地伸出手，充满微笑地告诉你："你也可以讲得很好。因为我们都一样，我们会在普通的生活里活出不普通的样子。"

  这本书，是让每个人学会即兴演讲的全新开始。